오픈스페이스 베타

오픈스페이스
베타

초판 1쇄 인쇄 2021년 6월 18일
초판 1쇄 발행 2021년 6월 25일

지은이 실케 헤르만, 닐스 플래깅
옮긴이 한창훈
감수자 최두옥,변주경

펴낸이 최익성
편집 최미근
마케팅 송준기, 임동건, 임주성, 강송희, 신현아,홍국주
마케팅 지원 황예지, 신원기, 박주현, 이혜연, 김미나, 이현아, 안보라
경영지원 이순미,임정혁
펴낸곳 플랜비디자인
디자인 빅웨이브

출판등록 제 2016-000001호
주소 경기도 화성시 동탄반석로 277
전화 031-8050-0508
팩스 02-2179-8994
이메일 planbdesigncompany@gmail.com

ISBN 979-11-89580-89-6

조직차원의 변화 90일, 그 여정에 대한 안내서

오픈스페이스 베타

실케 헤르만, 닐스 플래깅 지음 | **한창훈** 엮음

플랜비디자인

2011년, 한국에는 아직 많이 알려지지 않았던 한 독일 작가의 책 '언리더십'이 한국에서 출간되었습니다. 이 책은 기존의 관리 방식을 버려야 한다고 말하며 그 이유를 설명했습니다. 한국의 초기 독자 중 한 명이자 저의 친구인 최두옥 대표는 이 책을 읽고 감명을 받아 트위터에 개인적인 추천을 공유했습니다. 예상치 못하게도 그 하나의 트윗은 이 책의 저자 닐스 플래깅Niels Pflaeging과 직접적인 교류의 시작점이 되었습니다. 그 인연 덕분에 2012년과 2018년에 닐스 플래깅은 최두옥 대표의 초청으로 한국을 방문해서 기업 강연, 공개 강연, 워크샵을 진행했습니다. 덕분에 저도 닐스의 생각과 접근방법을 접하고 흥미를 갖게 되었습니다. 동아 비즈니스 리뷰DBR, Dong-A Business Review에서는 닐스의 인터뷰와 함께 이 책을 소개했습니다. 인터뷰 제목은 '언리더십 : 직원을 경영의 대상으로 보지마라'였습니다.

2012년 한국에서 진행한 워크샵에서 닐스 플래깅은 1960년 더글러스 맥그레거의 "XY이론"을 바탕으로 피라미드 모양의 중앙집권적 조직(알파 조직)과 복숭아 모양의 분산형 조직(베타 조직)의 차이점을 설명했습니다. X이론을 따른다면 인간은 보상, 두려움 또는 채찍에 의해 움직인다고 믿을 것이고, Y이론을 따른다면 인간은 각자의 내적 동기와 성취 욕구에 의해 자발적으로 움직인다고 믿을 것이라는 내용이었습니다. 그리고는 이런 인간관에 관한 간단한 실습을 했습니다. 참가자들에게 각각 두 장의 포스트잇을 나누어 주었는데요. 한 장에는 본인이 X형, Y형 인간 중 어느 쪽인지를 적게 했고, 다른 한장에는 자기가 속한 조직에서 "X형 인간"이 몇%나 되는지를 적어보라고 했습니다. 결과는 어땠을까요? 거의 모두가 스스로를 'Y형인간'이라고 했지만, 자기가 속한 조직의 적지 않은 사람들을 'X형 인간'이라고 평가했습니다. "나는 적극적이고 자율적인 사람이지만 내 주변의 많은 다른 사람들은 그렇지 않다"고 우리들 대부분이 생각한다는 의미였습니다. 그리고 이것이 바로 맥그레거가 60여 년 전에 싸웠던 인간에 대한 편견이라는 것이었습니다. 맥그레거는 X형 인간은 존재하지 않는다는 것을 강조했습니다. 그리고 닐스는 "X형 인간이 존재한다는 잘못된 믿음은 알파의 조직 방식, 즉 명령과 통제 방식을 지속하게 한다"고 설명했습니다. 그런데 이상했습니다. 아무리 생각해도 주위에는 X형으로 보이는 인간이 적지 않다는 생각이 드는 것입니다. 워크샵에서도 그런 질문이 나왔습니다. 닐스의 답은 이랬습니다. "사람을 X형 인간으로 생각하고 보상과 두려움, 채찍이 지배하는 환경에 집어넣으면 어떻게 될까요? 아마 재빨리 도망쳤거나, 그러지 못했다면 환경에 적응해버려 X형 인간처럼 행동할 것입니다." 그리고 이어서 말했습니다. "조직 개발은 사람을 바꾸는 것이 아니라 사람이 본연의 Y형 인간으로 행동할 수 있는 환경을 만드는 것입니다." X이론을 믿는 조직은 계획, 관리, 조종, 두려움, 강요에 의존해야 하는 지휘통제형 기업, 즉 알파 조직이 됩니다. 사람들이 모두 Y형 인간이라는데 동의하는 조직은 분권, 참여, 자율에 의존하는 베타 조직이 됩니다. 그렇다면 인간 본성에 맞는 베타 조직은 어떤 모습일까요? 그 모습은 이 책의 도입부 또는 앞서 소개한 '언리더십'에서 확인할 수 있습니다.

한국 기업의 기업들도 베타로 변화할 때입니다.

2018년, 저는 서울 스마트워크 위크SSWW, Seoul Smart Work Week 기간 동안 닐스와 함께할 기회를 가졌습니다. 스마트워크 디렉터 최두옥 대표는 물론 변주경 국제 통역사도 한주간 함께 했습니다. 우리는 닐스의 워크샵과 강연의 느낌이 2012년과 달라졌음을 알 수 있었습니다. 2012년에 닐스는 베타가 무엇인지를 말했고, 왜 알파 조직들이 복잡성의 시대에는 성공하기 어려운지를 말했습니다. 2018년 강연과 워크샵에서는 기업들이 '어떻게' 베타 조직으로 완전히 변화할 수 있는지를 말해 주었습니다. 'Y형 인간들이 함께 만들어 내는변화', 좋기는 한데 정말 가능할까 하는 생각을 했습니다. 그런데 설명을 들어보니 그 변화의 방식은 아주 구체적이고 혁신적이었습니다. 그리고 그 방법이 완성되기까지 많은 노력이 있었다는 것도 알게 되었습니다. 지난 10년간 닐스는 '베타코덱스 네트워크'를 통해 베타 방식에 많은 발전을 이뤄왔습니다. 그리고 이 책의 공동 저자인 실케Silke Hermann와 함께 2018년에 오픈스페이스 베타를 공동 집필했습니다. 이제 여러분은 한국어로 번역된 이 책을 통해 관리와 위계 중심의 조직 운영을 어떻게 바꿀지를 알게 될 것입니다.

이 책에는 베타로의 변화를 위해 알아야 할 모든 것이 포함되어 있습니다. 처음과 마지막에 오픈스페이스 미팅을 갖고, 그 사이에 90일의 변화기간을 두어 빠르게 조직을 베타로 바꿔주는 효과적이고 빠른 방법입니다. 14년 이상 코치, 퍼실리테이터, 강사로 활동해온 저는 오픈스페이스가 참가자들에게 최대한의 자율성을 부여한다는 점에 매력을 느꼈습니다. 그리고 이 방법을 통해 자기조직화가 가능하다는 것도 알게 되었습니다. 그래서 구체적으로 어떻게 운영이 되는지를 알고 싶었습니다. 그리고 이듬해인 2019년에 독일에서 열린 첫 '오픈스페이스 베타' 워크숍에 참가했습니다. 독일, 스위스, 스웨덴, 덴마크, 브라질, 태국출신의 경영진, 애자일 코치, 컨설턴트들과 함께 '오픈스페이스 베타'의 철학과 구체적인 접근 방식, 핵심 개념을 배우고 경험했습니다. 그리고 저는 이 방식을 만들어낸 실케 헤르만, 닐스 플래깅과 며칠간 더 머물며 많은 대화를 나누었습니다.

이 방법이 한국에서도 효과적이겠다는 생각을 갖고 귀국해서 저는 두 가지를 실천했습니다. 첫 번째는 '오픈스페이스' 형식의 워크숍을 진행하는 것이었습니다. 저는 오픈스페이스가 다른 나라들과 마찬가지로 한국에서도 잘 작동된다는 것을 확인하고 싶었습니다. 저의 기존 고객사에 이 방식의 장점을 설명하였고 여러 건의 오픈스페이스 미팅을 진행했습니다. 그 결과 일부 조직장과 담당자의 우려와 달리 오픈스페이스에서의 자율성은 잘 작동했습니다. 오픈스페이스라는 적절한 환경이 주어졌을 때 한국인들도 높은 수준의 자기 조직화와 자율성을 보여준다는 입증한 것이죠. 사실 당연한 것이겠지만 한국인들도 'Y형 인간'임을 재확인할 수 있었습니다. 이 확인 작업은 포춘500대 기업의 한국 법인, 시가총액 10위 이내의 국내 대기업, 스타트업 대표자 모임, 그리고 공공기관에 까지 이어졌습니다. 그리고 두번째는 여러분이 읽고 있는 이 책의 번역이었습니다. 원저자인 실케, 닐스와 협의를 하고 플랜비 디자인과 좋은 협업을 할 수 있었습니다.

한국의 기업들도 시장과 외부 환경의 급격한 변화에 대응하기 위해 많은 노력을 하고 있습니다. 그 과정에서 명령과 통제 중심의 조직 모델이 가진 한계를 더 자주, 더 많이 경험하게 됩니다. 이 문제를 어떻게 해결해야 할까요? 그에 대한 답은 '베타'입니다. 그리고 오픈스페이스 베타는 그 방법을 설명합니다. 이 안내서는 베타 변환에 있어 무엇이 중요한지, 어떻게 하면 되는지를 주제별로 명확히 알려줍니다. 한국의 많은 조직들이 이 책을 변화의 동반자로 삼아 베타 기업으로 전환하고, 인간의 자율적 본성을 드러내 주기를 기대합니다.

이 책을 공동 저술하며 오픈스페이스 베타를 세상에 알린 실케 헤르만 Silke Hermann, 그리고 닐스 플래깅 Niels Pflaeging에게 감사의 말을 전합니다. 그리고 국내 유일의 스마트워크 디렉터, '스마트워크 바이블'의 저자이며, 제 친구이기도 한 최두옥 대표에게 감사의 말을 전합니다. 최두옥 대표는 언리더십을 발견하고 닐스 플래깅이 한국과 인연을 맺게 해준 사람입니다. 그리고 2012년과 2018년에 닐스가 한국에 머무는 동안 그의 입과 귀가 되어 한 마디 한 마디를 통역해 준 변주경 통역사에게도 감사의 마음을 전합니다. 이 두 사람은 이책의 감수자로 맥락적 해석과 번역의 정확성을 높이는데 큰 도움을 주었습니다. 한국에서 오픈스페이스 워크샵을 제안했을 때 흔쾌히 허락해준 각 회사의 리더 및 인사조직 담당자 여러분들께도 감사합니다. 더불어 인간의 본성대로 자율성을 보여준 모든 참가들에게도 감사합니다. 그리고 이 책의 출간에 흔쾌히 동의해 주신 플랜비 디자인의 최익성 대표님, 그리고 번역과 출간까지 격려와 피드백을 아끼지 않은 송준기 책임님, 그리고 플랜비 디자인 멤버 모두에게 감사의 말을 전합니다.

번역자, 오픈스페이스 베타 인증 퍼실리테이터

한창훈 Peter Han

● 수년 전, 독일의 닐스플래깅이 저에게 선물한 〈Open Space Beta〉를 읽고 충격을 받았던 기억이 생생합니다. 조직이 원하는 변화를 실천으로 연결시킬 수 있는 비법서라고 부르고 싶을 만큼 책 속에는 현실적이고 실천적인 내용들이 가득했기 때문입니다. 영어로 쓰인 원본을 수십 번 읽으면서 저는 생각했습니다. '이렇게 좋은 책이 한국어로도 번역된다면 얼마나 좋을까!' 그런데 몇년 후, 드디어 제 소망이 이루어졌습니다. 탄탄한 강의력과 퍼실리테이션 실력을 겸비한 한창훈 코치님이 〈Open Space Beta〉의 한국어 번역서를 준비한다는 소식을 듣게 됐거든요.

〈Open Space Beta〉의 한국어판 출간은 그 자체만으로도 기쁜 일이지만, 그 주체가 한창훈 코치님이란 사실은 이 책을 더 의미있게 만듭니다. 그는 오픈스페이스의 키워드인 '자율과 참여'의 힘을 진심으로 믿는 사람이기 때문입니다. 오픈스페이스를 고안했던 '헤리슨 오웬', 이를 조직변화 기법으로 발전시킨 '닐스 플래깅', 그리고 그 책을 번역한 '한창훈' - 이 세 사람의 공통점이 바로 여기에 있습니다. 자율적으로 조직에 기여하려는 인간의 본성을 믿으며, 이런 본성을 발현할 수 있는 환경을 계속해서 만들어 간다는 것. 그래서 이 책은 단순한 변화실천 기법 이상의 힘을 가지고 있습니다. 읽다 보면 자신도 모르게 인간성에 대한 희망과 변화에 대한 믿

음ㅇ

"

저:

식.

다.

설

러

1 변화 방식에 저항할 뿐이다"

니다. 인간답고 자연스러운 방

거운 이벤트가 될 수도 있습니

은 일이 가능한지를 차근차근

읽고 느꼈던 신선한 충격을 여

최두옥·Agnès Legrand

스마트워크 디렉터 / 스마트워크R&D그룹 〈베타랩〉 대표

● 여러분이 펼치신 이 책이 공개되는 시점부터 시간을 역추적하여 그 시작이 된 지점을 찾아가면 2012년에 도달합니다. 바로 그 해 이 책의 원저자 닐스 플래깅, 그를 한국으로 불러온 베타랩 대표 최두옥, 닐스 플래깅의 행사를 통역한 저 변주경, 그 행사에 참여한 한창훈, 즉 이 책의 역자가 만났습니다. 우리 모두는 일하는 새로운 방식, 혹은 베타 방식, 혹은 스마트워킹이라는 낯선 개념에 매료되었습니다. 당시 한국의 기업 문화는 변화를 모색하고 있었지만, 직원들은 여전히 근면성실, 상명하복의 근무태도를 최고의 가치로 부여잡고, 주어진 업무를 소화하며, 안되면 되게 해야하는 구태의연한 분위기를 극복하지 못했습니다. 이러한 가운데 닐스 플래깅이 던진 "회사를 관리하지 마라"라는 화두는 충격으로 받아들여졌습니다. 당시 닐스 플래깅을 만났던 우리가 그가 말하는 "언리더십"에 매료

되었던 이유는 바로 인간에 대한 신뢰가 전제되어 있었기 때문이 아닌가 합니다. "누구나 창의력을 발휘할 수 있다", "사람은 누구나 일을 잘하고 싶어한다", "직원은 어린아이가 아니다." "자신이 잘 할 수 있는 일은 스스로 찾아서 한다", "인센티브는 동기부여 수단이 되지 못한다" 등의 메시지는 우리는 서로를 철저히 믿었을 때 성과를 낼 수 있고, 그렇게 하기 위해서는 조직 구조를 바꾸어야 한다는 것이었습니다. 조직 구조를 바꾸어야 한다는 대목이 바로 변화에 대한 저항감이 포착되는 지점이었습니다. 과연 가능할까? 모두가 궁금해했습니다. 그리고 2021년이 되었습니다.

그 동안 성과를 내는 조직을 만들기 위한 노력이 상당히 진행되었습니다. 시행착오를 겪으며 대전환에 성공한 사례와 그렇지 못한 사례들도 쏟아져 나왔습니다. 코로나 사태를 맞아 업무 환경의 변화는 그대로 휘몰아쳤습니다. 기존 관행대로 직원을 관리하는 일은 불가능해졌고, 구성원 사이의 신뢰를 기반으로 "알아서" 일하고 협업하고 성과를 내야하는 시대로 내쳐진 것입니다. 완전히 바뀌어 버린 업무환경은 코로나사태가 종료된다 하더라도 과거 형태로 회귀하지는 않을 것입니다. 이제는 진짜 일하는 조직으로의 대전환이라는 과제를 놓고 "과연 가능할까?"라는 의구심을 "반드시 해야 한다, 할 수 있다"라는 자신감으로 대체해야 하는 때입니다. 그 과정에 필요한 가이드가 바로 이 책입니다. 일하는 조직, 성과를 내는 조직으로 체질을 바꾸는 노하우를 방법론으로 정리한 이 책은 아직 가보지 않은 길을 가는 확실한 길잡이가 되어 줄 것입니다. 마지막으로 독일까지 날아가 오픈스페이스 베타를 습득하고, 번역이라는 어려운 길을 선택하여 여기까지 온 번역자 한창훈에게 찬사를 보냅니다.

변주경

한국어-영어 국제회의 통역사

오픈스페이스 베타 타임라인

스폰서

퍼실리테이터

공식 권한 관리자

오픈스페스에서의 역할

참가자

컨비너

오픈

MC, Master
of Ceremonies

60일

오픈스페이스1

기초 (무대만들기!)

경영진의 준비

초대 내용의
교류(45일)

주제 다듬기

코치 역할의 시작

초대장
초안과 발송

시작(준비!)

1일차 :
자율적 참여 미팅

2일차 :
준비일

OS1 회의록

실행 -

베타 팀
패턴 실행

베타코덱스의 조

OpenSpace Beta© and the OpenSpace Beta© timeline by Silke Hermann & Niels Pflaeging. Illustrations: Ingeborg Scheer

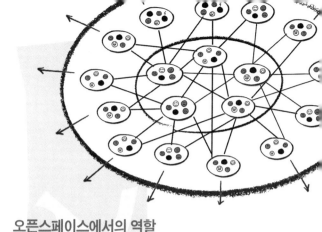

인플루언서
& 실력자

팀

스페이스 베타에서의 역할

코치

관계자

오픈스페이스에서의 역할

90일

오픈스페이스2

30일

전환 - 학습 (실행!)

마무리 (체크!)

회고의 기간 (레벨 업!)

가치 창출의 강화

실행 권한 소유자

정해진 기한이
있는 전환

의도된
스토리텔링

학습 가속

1, 2일차 :
자율적 참여 미팅

주제와 초대

OS2 회의록

코치 역할 종료

챕터 정리 보고

OS의 반복

www.OpenSpaceBeta.com

열정이 없다면, 아무도 신경 쓰지 않습니다.
책임이 없다면, 아무 일도 되지 않습니다.

해리슨 오웬

CONTENTS

Daniel Mezick & OpenSpace Agility

2018년 5월, 다니엘 메직^{Daniel Mezick}**과 처음 만난 후 몇 달이 지났습니다.** 다니엘의 OpenSpace Agility와 같이 내용이 충실하면서 설명도 잘 되어 있는, 그리고 신선하면서 정교한 개념을 접하기는 쉽지 않은 일입니다. 우리는 다니엘을 만나 변화를 위한 초대, 강요가 없는 접근법에 대해 이야기 나누었습니다. 그리고 '베타 대전환'이라고 불리는 그의 핵심적 접근법의 가능성을 바로 감지할 수 있었습니다.

OpenSpace Agility는 창의성의 기폭제가 되었습니다. OpenSpace Beta의 개발을 시작하게 해주었기 때문입니다. 또 OpenSpace Agility 관련 안내서의 저자들 덕분에 우리는 몇 달 만에 OpenSpace Beta와 안내서를 정리해서 세상에 내놓을 수 있었습니다.

우리는 다니엘과 공저자들이 만든 멋진 책에서 많은 것을 빌려왔습니다. 여러 세부항목을 수정해 일부 내용은 빼고, 베타 방식에 관련된 내용을 약 30% 정도 추가했습니다. 조정 작업을 통해 우리는 다니엘의 개념을 변형했습니다. 이를 통해 규모에 상관없이 모든 조직이 변화하는데 도움이 되도록 했습니다.

우리는 혁신을 위한 다니엘의 전폭적인 오픈 소스 방식에 감사를 표합니다. 우리도 그 방식을 전파하며 소중하게 여기고 있습니다. 포용력과 경험, 개념적 통찰을 기꺼이 나누려는 다니엘의 태도는 특별합니다. 많은 사람들에게 기꺼이 나누고자 하는 그의 정신은 새로운 협력 시대에 좋은 사례가 되리라 생각합니다. 미래의 업무방식을 만들기 위해서는 이런 협업 방식의 시급한 도입이 필요합니다.

이 책의 매력은 이렇습니다. OpenSpace Beta의 전반적 접근방식은 새로운 것이지만 관련된 모든 개념은 연구를 기반으로 하고 현장에서 검증한 것입니다. 우리 스스로 발견하면서도 여러 번 감탄했는데요. 이 책에 제시하는 모든 것들은 베타조직을 만드는데 15년을 일해 온 우리들, 그리고 다니엘과 OpenSpace Agility저자 및 현장 전문가들이 현장에서 적용하고 실천해본 것입니다.

이 책의 기반이자 풍부하고 혁신적인 토양이 되어준 OpenSpace Agility안내서의 모든 저자들에게 특별한 감사를 전합니다. 덕분에 책의 여러 부분에서 그 모델을 활용할 수 있었고, 베타 방식의 완벽한 조직변화에 잘 맞도록 내용을 조율할 수 있었습니다. OpenSpace Agility 안내서와 인터넷상의 정보를 사용할 수 있도록 해준 Mark Sheffield, Deborah Pontes, Harold Shinsato, Louise Kold-Talyor에게 감사드립니다.

이들의 저작물은 다음을 참조하세요. www.OpenSpaceAgility.com

오픈스페이스 베타OpenSpace Beta 안내서와의 만남을 환영합니다. 이 책은 베타 방식 조직모델을 구축하거나 베타 방식의 적용 노력을 강화하고 활성화하는 방법으로 오픈스페이스 베타를 사용하려는 분들을 위한 참고자료이자 안내서입니다.

더 빠르고 지속적인 베타방식으로의 대전환을 만드는데 관심있는 모든 사람, 특히 회사 임원, 책임자, 관리자, 팀장, 그리고 이들을 돕는 컨설턴트와 코치를 위해 이 책을 썼습니다.

이 책의 **흰색 배경 페이지는** 각 주체의 역할과 활동에 대한 내용을 담고 있습니다. **초록색 배경 페이지는** 상대적으로 추상적이고 개념적인 것을 다루고 있습니다.

이 책을 읽기 전 다음 몇 가지의 준비를 권합니다.

- **베타코덱스BetaCodex 법칙**, 베타 방식이 조직에게 주는 긍정적인 효과에 대한 기본적인 이해가 필요합니다. 이 책의 파트1은 오픈스페이스 베타의 개념적 배경을 설명합니다. 특히 베타 방식을 처음 접하는 사람에게는 큰 도움이 될 것입니다. 파트6 '실행-전환-학습'(실행!) 에서는 베타코덱스의 법칙 또는 원칙에 대해 이야기 합니다. www.betacodex.org에도 많은 자료가 있습니다.

- 오픈스페이스(OS) 회의 방식에 대한 기본적인 이해가 필요합니다. 오픈스페이스 베타의 기반이 되는 OpenSpace Beta(c), Prime/OS™의 기본형식은 해리슨 오웬Harrison Owen, 특히 그의 책 '정신 : 조직의 대전환과 발전'Spirit : Transformation and Development in Organization에서 영감을 받았습니다. 이 책은 날카로운 통찰과 실행가능한 아이디어로 가득 차 있는 훌륭한 저서입니다. 조직 체계, 역동, 문화에 진지한 관심이 있는 분들에게 흥미가 있을 것입니다. 이 책은 온라인에서 PDF로 무료로 내려 받을 수 있습니다.(http://openspaceagility.com/wp-content/uploads/dlm_uploads/2015/06/spirit.pdf)이 책의 2부에는 해리슨 오웬Harrison Owen의 활용 안내서 요약이 들어 있습니다.

- 오픈스페이스 베타 관련 주요 도서 목록은 이 책의 마지막에 수록되어 있습니다. 그리고 내용과 연관된 핵심 단어의 이해는 이 책의 1부 '용어'에 담겨있습니다. 베타 인증과 베타 방식에 관련된 추가 학습 자료와 정보는 www.betacodex.org에 있습니다.

오픈스페이스 베타의 시작점,
그리고 당신이 할 수 있는 것.

오픈스페이스 베타는 Prime/OS에서 도출된 것입니다. Prime/OS는 Daniel Mezick이 개발한 오픈소스의 문화 기술이며, CC-BY-SA-4.0 라이선스로 출간되었습니다. 추가정보는 다음 링크에서 확인할 수 있습니다. www. Prime-OS.com , www.OpenSpaceAgility.com/about

오픈스페이스 베타와 Prime/OS는 무료이고 오픈소스이면서 문화에 관련된 기술입니다. 오픈스페이스 베타를 통해 자신만의 혁신적 방법을 만들 수도 있고, 그 혁신을 사람들과 나누거나 상업화할 수도 있습니다.

오픈스페이스 베타, 오픈소스의 오픈스페이스 베타 타임라인, 행사, 규칙, 역할, 회의, 컨설팅 기법 및 관련 문서는 Creative Commons Attribution Share-Alike 라이선스로 출간되었습니다. 이 역시 오픈스페이스 베타를 기반으로 자유로운 응용 개발을 통해 혁신해주시기를 바랍니다.

Attribution ShareAlike - "CC-BY-SA"라이선스는 오픈스페이스 베타를 기반으로의 재구성, 변형을 허용하고 상업적 사용도 가능합니다.

이 작업을 한다면 다음에 동의하는 것입니다.

저자가 Silke Hermann, Niels Pflaeging 임을 인정하며

다음에 소개되는 자료들의 구체적인 출처를 제공하고

당신의 저작물 라이선스를 동일한 조건으로 제공합니다.

특히 모든 응용 저작물과 개발된 일러스트레이션 등은 다음의 링크를 반드시 함께 제시해 주어야 합니다.

"이 저작물은 CC-BY-SA-4.0으로 출간된 오픈소스 문화 기술인 오픈스페이스 베타에서 응용되었으며, www.OpenSpaceBeta.com 에서 확인할 수 있습니다."

{ 오픈스페이스 베타와 그 기반이 되는 Prime/OS는 오픈소스 기반의 사회과학입니다. 이를 기반으로 재구성하고 변형해 보세요. 그리고 다시 세상에 공유해 주세요. }

강요는 안녕, 참여는 환영.
왜 오픈스페이스 베타인가?

강요하면 참여도는 떨어집니다. 반면 초대와 참여에 대한 선택권을 제공하면 참여도는 올라갑니다. 참여는 빠르고 지속적인 베타 대전환의 핵심입니다. 결론적으로 오픈스페이스 베타의 기반은 특정 베타방식의 강요가 아닌 초대입니다.

사전에 미리 설정된 방식으로는 사람들이 원하고 생각하고 느끼게 해줄 수 없습니다. 사전에 계획하면 참여도는 떨어집니다. 이런 경우 실무를 하는 능력있고 창의적인 사람은 "관심을 꺼버리고" 참여하지 않습니다.

요즘 조직에서 일하는 사람들은 제대로 된 교육을 받았습니다. 이들이 채용된 데는 그만한 이유가 있습니다. 대부분 똑똑하고 자격이 되고 능력도 됩니다. 그런 사람들은 강제적 변화의 도입을 거부합니다. 변화 자체를 거부하는 것이 아니지요. 그렇다고 거부 의사를 드러내지는 않습니다. 대신 지시를 못 들은 체하거나 티 나지 않게 다른 행동을 하거나 아예 발을 빼기도 합니다. '커뮤니케이션 개선', '참여도 개선'이라는 이름으로 개인의 행동 교정을 요구하는 접근은 완전히 잘못된 접근방식입니다. 정작 필요한 것은 함께 조직개발을 이뤄낼 사람들을 초대하고, 그들 모두의 관점을 존중하며 협력하는 노력을 반복하는 것입니다.

그렇다면 대규모의 변화를 함께 만드는 일에 조직 전체를 초대하려면 어떻게 해야 할까요?

바로 일관성 있는 자기조직화 기반으로 접근해야만 가능합니다. 이는 조직의 모든 구성원을 대상으로 한 의도적이고 반복적인 개입의 틀 안에서 움직입니다. 이렇게 하면 관련된 이들은 업무 전반에 걸쳐 건설적이고 온전한 참여를 할 수 있게 됩니다. 변화의 기간을 설정하고, 그 기간의 처음과 끝에 반복적으로 오픈스페이스 테크놀로지OpenSpace Technology(이하 OST), 그리고 베타코덱스의 원칙을 적용하면 가능합니다.

오픈스페이스 베타에는 다음과 같은 스폰서의 역할이 필요합니다.

- 베타 방향으로의 변화, 대전환 사례를 설명합니다. 경쟁 구도, 가격 경쟁 압박, 조직 효율 등 사업적으로 당면한 문제를 설명합니다.

- 조직이 베타 원칙을 수용할 것임을 분명히 밝힙니다. 아직 결정되지 않은 특정 실천사항들을 설명합니다.

- 베타 대전환의 이야기를 만들어가는 과정에 참여할 사람을 초대합니다. 관리자가 모든 답을 갖고 있지 않다는 것, 빠르고 지속 가능한 베타 방식으로 변하기 위한 의견을 찾고 있다는 것을 진심을 담아 명확히 전달합니다.

• 다음의 내용을 이해하기 쉽게 설명해 줍니다. 조직 전반에 걸쳐 베타 방식으로 일하게 될 것이고, 시스템에 대한 각각의 개입(또는 대전환)의 결과를 점검하여 지속여부를 결정할 것입니다. 만약 개입이나 변화가 팀이나 조직의 요구를 충족하지 못하면 바꾸거나 버릴 수도 있습니다. 심지어 팀에서는 '자신들만의 고유한' 방법을 실행해 볼 수도 있습니다. 그 방법이 베타코덱스의 방향과 일치하기만 하면 됩니다.

이렇게 베타 원칙을 적용하면 실무자 스스로가 주도권을 갖고, 소속감과 목적의식을 강하게 느낍니다. 따라서 적극적으로 참여하게 됩니다. **강제적인 방식으로는 자기조직화가 되지 않습니다.** 진정으로 훌륭한 조직을 만들고 싶다면, 베타 방식이나 훈련된 자기조직화 외에는 답이 없습니다. 그리고 베타가 되기 위해서는 베타코덱스(p166)의 원칙에 맞는 대전환을 해야 합니다. 그러한 접근은 일관성 있게 자기조직화, 참여를 만듭니다.

{ 오픈스페이스 베타는 그 자체가 초대입니다. 오픈스페이스 베타는 초대, 개인의 책임, 자기조직화에 기반합니다. }

Part 1

오픈스페이스 베타의
개념적 배경
(이보다 실용적인 것은 없습니다!)

자기조직화 Self organization와 인간본성에 대한 전제

1960년에 출간된 '기업의 인적 측면The Human Side of Enterprise'에서 저자인 더글러스 맥그레거Douglas McGregor는 핵심 메시지를 던졌습니다. 우리는 인간 본성에 대한 두 가지 이미지를 머리와 가슴에 갖고 있습니다. 바로 X, Y이론 입니다. 그 중 X이론은 거짓입니다. 맥그레거는 책의 곳곳에서 강조합니다. "외부로부터 동기부여를 받을 것으로 여겨지는 X인간은 존재하지 않습니다. 처음부터 존재하지 않았고, 지금도 존재하지 않으며, 앞으로도 존재하지 않을 것입니다. X인간은 단지 우리 생각 속에나 존재하는 허상입니다. 결론부터 말하면, X이론, X형 인간은 우리가 그렇게도 중히 여기는 인간 본성에 대한 일반적 이미지일 수 있지만 실제로는 일터에서 다른 사람에게 갖는 추한 선입견에 불과한 것입니다."

맥그레거의 책이 출간된 지 60년이 지났지만, 많은 사람은 아직까지 굳게 믿으며 말합니다.

"X인간은 주변에 존재한다." 그렇다 보니 사람들은 그 신념에 맞게 행동하면서, 세상을 더 나쁘게 만듭니다. 1960년대에 맥그레거가 그토록

없애고자 했던 신화를 우리는 고집스럽게 붙들고 있는 것입니다. 우리는 X이론이라는 환상에 빠져 있습니다. 우리들 대부분은 X이론이라는 선입견을 지속시키는 죄를 짓고 있는 것입니다.

좋은 소식은 현실의 100%가 Y인간이라는 것입니다. 세상은 Y형 인간으로 가득합니다. 사람들은 원래 내적 동기부여가 있으며, 그 모습 그대로 인정받기를 기대합니다. 이 사람들은 참여하고 노력합니다. 그 참여는 빠르고 지속적인 베타 대전환의 원동력이 됩니다.

만약 베타 방식의 실천을 강요한다면, 진정으로 참여하려는 마음은 줄어들어 결국 베타 대전환이 실패할 수 있습니다. 그런 접근법은 X인간에나 맞는 것입니다. 게임에 자율적으로 참여할 수 없다면, 대전환이라는 게임은 '제대로 될 수' 없고 그 재미가 반감됩니다. '초대'는 베타코덱스의 원칙에 부합하는 좋은 접근법입니다. **선택권을 제공하는 초대는 참여도를 높여줍니다. 더불어 인간 행복의 기본적 근원인 통제권과 소유권도 느끼게 해줍니다.** 초대에 대한 자율적 선택권은 자기 통제권을 가졌다는 느낌을 줍니다. 사람들은 초대를 수락하면서 함께한다는 느낌을 갖게 됩니다.

> 오픈스페이스 베타는 "좋은 게임"입니다. 그것은 자율적 참여라는 속성 때문입니다. 초대는 조직에서 자율적으로 생각하는 사람들을 참여시킬 수 있습니다. 이들은 베타 방식으로의 견인을 돕는 사람들입니다.

조직 역학 :
세 가지 조직 구조

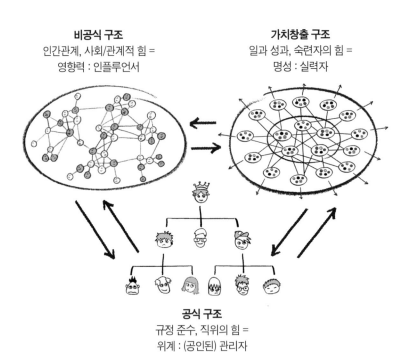

비공식 구조
인간관계, 사회/관계적 힘 =
영향력 : 인플루언서

가치창출 구조
일과 성과, 숙련자의 힘 =
명성 : 실력자

공식 구조
규정 준수, 직위의 힘 =
위계 : (공인된) 관리자

모든 조직은 세 가지 구조를 갖고 있습니다. 이 세 가지 모두를 갖자, 갖지
말자 하는 의사결정은 무의미합니다. 세 가지 모두 선택사항도 아니고, 가
졌다고 좋거나 없다고 나쁜 것도 없습니다. 이것은 단지 '조직 역학'의 일

부일 뿐입니다. 조직 역학은 크거나 작거나, 오래되었거나 새로 생겼거나, 영리조직 이거나 비영리 조직이거나 관계없이 세상 모든 조직에 적용되는 보편적 원칙입니다.

조직의 세 가지 구조에는 모든 조직에 있는 세가지 종류의 힘, 세가지 리더십이 있습니다.

- **공식 구조는 규정 준수의 영역입니다.** 여기서는 위계질서에서 힘이 나옵니다. 공식 구조는 보편적으로 흔히 볼 수 있는 형태입니다. 안타깝게도 많은 사람들은 업무나 가치창출의 체계화 및 개선이 공식 조직을 통해 이뤄진다고 잘못 생각하고 있습니다.

- **이 구조는 규정을 정하고, 법칙 안에 머물게 하는 것에만 유용합니다.** 이 구조에서의 리더십을 '규정 준수의 리더십'이라고 합니다.

- **비공식 구조는 사교성의 영역입니다.** 이 구조에서 나오는 힘은 영향력입니다. 영향력은 조직 내 사회적 관계에서 만들어진 힘입니다. 비공식 조직은 좋고 나쁨이 없습니다. 여기서의 리더십을 '사교적 리더십'이라고 합니다.

- **가치창출 구조는 일과 성과, 경쟁력, 혁신의 영역입니다.** 이 구조에서의 힘은 명성입니다. 명성은 숙련도를 가진 사람의 힘입니다. 이 구조의 내부와 외부의 관계, 주변과 중심의 조화를 통해서만 조직차원의 성과가 만들어 집니다. 이 구조에서 '흐름'이 생겨납니다. 여기서 가치가 창출되고, 불필요한 것들이 제거됩니다. 이 구조의 리더십을 "가치 창출 리더십"이라 부릅니다.

세 가지 조직구조는 상호 의존적입니다. 모든 조직 구성원은 이 세 가지 구조 속에 존재합니다. 공식 조직에서 모든 사람들은 하나의 위치를 차지합니다. 그리고 비공식 구조에서 사람들은 사회적 관계 속의 개별 그물망 역할을 합니다. 마지막으로 가치 창출 구조에서는 한 사람이 하나 또는 여럿의 팀이나 셀cell에서 다양한 역할을 맡습니다. 이 세 가지 구조 중 어디에 개입할 것인지, 각 구조에서 어떤 반응이 나올 것인지를 미리 확인하면, 개입의 효과를 높일 수 있습니다. 그리고 원하는 결과물을 얻을 확률을 높이기 위해, 조직의 각 계층에 있는 인물들(인플루언서, 실력자, 관리자)에게 앞으로 있을 변화나 개입에 대해 물어보는 것도 유용한 방법입니다.

{ 시스템에 대한 개입이나 변화는 세가지 구조 전부 또는 일부분에 영향을 줄 수 있습니다. }

탈중심화와
팀 자율성

복잡성의 세계에서 조직은 단위 조직이 연합된 형태이거나 중앙집권 방식에서 벗어난 형태여야 합니다.

외부 시장의 변화와 영향력이 클 때, 시장에 민감하게 대응하고 신속하게 반응하며 실제 수익을 창출하는 것은 조직의 주변부입니다. 반면 시장과 거리감이 있는 중심부는 관련 정보와 지식의 확보가 느립니다. 이런 상황에서 중심부가 유용한 방향을 제시하거나 갈등을 조정하는 것은 쉽지

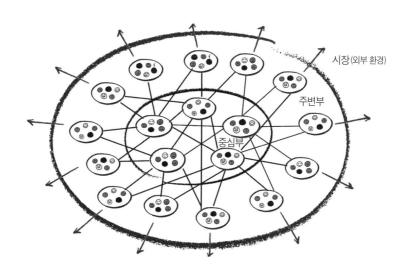

않습니다. 따라서 주변부와 중심부의 관계는 시장의 변화를 소화하고 맞춰갈 수 있도록 설계되어야 합니다. **이를 위해 주변부는 내부적 지지기반이나 수요 공급 관계를 활용해 중심부를 '운영'해야 합니다. 주변부는 조직의 자원을 통제하는 주체가 되어야 하는 것입니다.**

조직이 '탈중심화'되면 중간관리자의 기존 역할은 완전히 사라집니다. 여기에서는 자기조직화, 조직 외부에서 내부로의 리더십이 가능해지는 것입니다.

{ 탈중심화의 원칙 하에서는 자율성 확대, 주변부로의 결정권 및 권력 이동이 지속됩니다. 탈중심화에는 끝이 없습니다. }

학습, 변화,
그리고 중립지대

조직 차원의 깊은 변화는 구성원들이 전환기를 겪어야 함을 의미합니다. 윌리엄 브릿지스William Bridges는 그 전환기를 '중립 지대'라고 표현했습니다. 중립 지대 그 자체는 좋은 것도 나쁜 것도 아닙니다. 다만 피하거나 건너뛸 수가 없는 것입니다.

강한 의욕을 갖고 근본적인 변화를 시작했지만 전환기와 같은 중립지대는 아무도 신경 쓰지 않습니다. 여기에 중요한 전제가 빠져 있습니다. "당신은 이미 이전과는 다른 곳에 있는 다른 존재다."라는 것입니다. 그래서 중립지대는 사람들을 짜증나고 혼란스럽고 불안하게 할 수 있습니다.

베타 대전환은 학습된 무기력을 제거하고 기업가 정신이 깃든 '자기 조직화'를 향해 가는 것입니다. 이 과정에서 조직 구성원 모두가 밀도 높은 중립지대를 경험하게 되는데, 이 기간은 관리할 수 있습니다. 그런데 이것이 조직에 있어 스트레스가 될 수 있습니다. 반면 구성원들이 성장 잠재력을 경험하고 성장할 수 있게 해줍니다. 또한 자신의 업무와 조직에 대한 새로운 발견과 재발견도 일어납니다. 변화를 통한 학습은 긍정적인 자극임과 동시에 스트레스입니다.

이 중립지대는 특별한 상황입니다. 지루함이 없지요. 베타 대전환에서 모든 구성원은 새로운 사고와 행동을 거의 같은 기간동안 적용해볼 기회를 얻습니다. 구성원들이 중립지대의 혼란스러운 경험을 개별적으로 겪게 되면 불확실하다는 느낌을 갖게 됩니다. 이에 대한 해결책으로 오픈스페이스 베타는 검증된 사회적 패턴인 '통과의례', '전환 의식'을 활용합니다. 이 의식은 중립지대에서의 행동과 감정에 체계적 틀을 제공합니다.

기억하세요. 베타 원칙의 적용은 언제나 학습을 요구합니다. 물론 사람들에게 학습은 큰 문제가 되지 않습니다. 하지만 같은 조직의 많은 구성원이 동시에 새로운 많은 것들을 배워야 하는 경우에는 예상치 못한 일들이 발생할 수 있습니다. 이 과정에서 크고 작은 문제가 발생할 수도 있습니다. 어느 정도의 불편은 피할 수 없습니다. 이 과정에서 학습한 통찰과 지식은 조직에 흡수되어야 합니다.

정신모형

우리 모두는 '정신 모형'을 통해 세상을 관찰하고 해석합니다. 성인은 현실을 해석하는 수천 개의 모델을 갖고 있습니다. 이 중 일부분에 대해서라도 그 타당성에 질문을 던져보는 것이 진짜 학습입니다. 기존의 가정을 의심하게 되면 '인지 부조화cognitive dissonance'라고 불리는 상태가 되는데, 이는 새로운 개념이 머릿속에서 사라지거나 완전히 이해가 될 때까지 지속됩니다.

베타 조직 모델의 적용은 어쩔 수 없이 인지적 부조화를 일으킵니다. 그리고 임원, 경영진, 관리자, 팀 구성원들을 중립지대로 이끌 것입니다. 새로운 역할 포트폴리오와 상호작용 형태는 새로운 사고와 소통 방식을 요구 할 것입니다. 역동적인 변화 패턴을 활용해 기존 방식으로 돌아가려는 힘에 대응해야 합니다. 직관적이고, 매력적이며, 대안이 되는 패턴을 제공해야 합니다.

통과의례

통과의례는 문화적 의식 또는 게임입니다. 통과의례는 전환기 경험의 시작과 중간, 종료를 정의해 주는 체계입니다. 이런 의식은 건설적인 변화를 위해 인간이 수 천 년간 활용해 온 것입니다. 오픈스페이스 베타에서는 시작과 끝 부분에 오픈스페이스 미팅을 넣는 방식으로 통과의례를 적용했습니다. 그리고 그 사이에 있는 90일의 '실행-전환-학습'기간 동안 여러 메커니즘을 적용합니다. 오픈스페이스라는 기준점은 중립지대에 틀을 제공합니다. 정체성을 부여하거나 성숙하였음을 알리는 입학식, 상장 수여, 졸업식, 결혼식, 장례식과도 같은 것입니다.

통과의례의 목적은 현실을 살아갈 수 있도록 해주는 것입니다. 사람은 나이를 먹고, 성숙하고, 죽습니다. 사회는 지속적으로 새로운 환경에 적응해야 합니다. 통과의례는 기존 상태에서 새로운 단계로의 전환을 회피하지 않고 나아가도록 도와줍니다. 이미 많이 알려진 조직 변화 관리법들의 큰 문제는 중립지대라는 공간을 허락하지 않거나 그 공간을 방치해 버리는 것입니다. 결국 그런 식의 변화는 인적 환경에 지나치게 간섭하거나 아예 방치해 버리는 양극단을 오가게 만듭니다.

통과의례는 중립 지대에서 개인의 성장과 사회 집단의 깊은 변화가 조화를 이루게 하는 통로 역할을 합니다. 전환기는 삶의 현장의 일부분입니다. 어떤 면에서 통과의례 그 자체는 '개입' 이라기 보다는 변화에 대응하는 사회문화적 메커니즘입니다. 그럼 조직 개발에 있어 이러한 통과의례가 왜 필요할까요? 조직의 현실에서 변화는 피할 수 없기 때문입니다. 변화는 자연스러운 것이고 당연한 것입니다. 이렇게 보면, 통과의례는 변화를 위한 강력한 메커니즘입니다. 단, 그 방법이 강제가 아닌 제안의 형식일 때만 가능합니다. 통과의례에는 명확한 목표, 명확한 경계선(또는 원칙) 그리고 도움이 되는 피드백의 선순환이 있어야 합니다. 또한 통과의례는 모든 구성원이 자발적이고 적극적으로 참여할 수 있는 확실한 장치가 되어 주어야 합니다.

달리 말하면, 통과의례 그 자체는 스트레스를 유발하지 않습니다. 오히려 중립지대에 틀을 제공하여 조직 구성원들이 안도하게 해줍니다. 통과의례는 기존의 것이 해체되는 과정에 틀을 제공하여 격동의 시기에 안정감을 줍니다.

중립 지대에서의 역동

베타 원칙의 적용은 개인, 팀, 조직 차원에서 새로운 경험과 연결되는 좋은 일입니다. 그리고 기업가 정신기반의 자기 조직화의 수준을 높이는 데에는 필수라 하겠습니다. 오픈스페이스 베타의 핵심 사고방식이 있습니다. 바로 베타 대전환과 관계되는 통찰, 경험, 감정은 중립 지대에서의 보호공간이 필요하다는 것입니다. 이 공간이 오픈스페이스 베타라는 신뢰할 수 있는 구조로 되어 있는 것입니다. (타임라인을 참고하세요.) 정해진 훈련기간, 명확한 역할자와 구성 요소로 명확하게 틀이 짜여진 이 통과의례는 참가자들에게 '시작, 진행, 종료'의 체계적인 경험을 제공합니다.

이런 특성을 본다면, 오픈스페이스 베타는 베타 원칙을 빠르고 지속적으로 적용할 수 있게 해주는 반복 가능한 사회적 기술이라고 할 수 있습니다. 오픈스페이스 베타는 조직의 특성, 기존 업무 방식, 구성원의 특성에 관계없이 어느 조직에서나 활용할 수 있습니다.

공동체 정신

모든 베타 대전환의 최대 관심사는 기업가 정신을 기반으로 높은 성과를 창출하는 구조의 조직 환경을 만들어 내는 것입니다. 원칙상 그런 대전환은 이론적, 실질적으로 끝이 없습니다. 높은 수준의 기업가 정신을 기반으로 한 자기 조직화는 지속적이고 끝없는 학습과 개선을 조건으로 이뤄지기 때문입니다. 조직은 "영원한 베타"를 필요로 합니다.

베타 대전환은 구성원들이 협업하여 시스템을 개선할 때 가능합니다. 이 협업을 통해 끈끈함, 단결이라고도 하는 "공동체 정신"이 생겨납니다. 협업하면 베타 대전환의 가능성이 열립니다. 공동체 정신이 '낮으면', 시스템 개선은 거의 일어나지 않습니다. 공동체 정신은 규정에서 생겨나지 않습니다. 공동체 정신은 명확하고 일관되게 적용되는 원칙 위에 생겨납니다. 모두가 참여할 수 있고, 참여해야 한다는 통찰 위에 생겨납니다. 이와 관련된 오랜 격언이 있지요 "함께라면 무엇이든 할 수 있다."

베타 대전환은 조직의 구성원에게 필수적인 질문을 던집니다. 조직에서 나의 역할은 무엇일까? 지속적인 자기 조직화나 베타 상태에서의 원칙 또는 '게임의 법칙'은 무엇일까? 우리가 하는 이 작업은 언제 끝날까? 이 작업은 조직에서의 내 위치에 어떤 의미를 줄까? 이런 질문들은 조직의 모든 구성원에게 동일하게 적용됩니다. 중립 지대 안에서, 변화하는 조직의 원칙 속에서, 새로운 역할과 변화하는 업무 방식의 과정에서, 이러한 질문을 조심스럽게 던져보고, 함께 숙고하고 답을 해보아야 합니다.

　모든 구성원은 각자 자신만의 방식과 속도로 이 단계를 경험합니다. 이런 차이를 인정해야 합니다. 모든 이들은 하나의 사회적, 공동체적 과정의 일부분입니다. 누구나 자기 방식으로 배움을 얻습니다. 통과의례의 목표점을 향해 가면서, 모든 구성원들은 기존과 다른 상황에서의 자기자신을 발견합니다. 조직도 그러합니다.

{ 오픈스페이스 베타 같은 복합적 통과의례는 공동체 의식을 강화하기 위해 만들어진 문화 경험, 또는 문화 경험 디자인입니다. }

게임 같은 업무

일터에서의 상황을 다른 관점으로 살펴보겠습니다. 구성원들이 자신의 업무에 재미를 느끼고 만족스러운 경험을 하게 해주는데 필요한 조건은 무엇일까요?

사람들은 개인의 성향이나 생활 조건과 상관없이 다음의 세가지를 경험하고 싶어합니다. 자기 효능감, 자아 실현, 유의미한 행동. 이 세가지는 업무 몰입과 자발적 '끈기'를 이끌어 냅니다. 이 몰입과 끈기는 높은 수준의 지속적 자기 조직화를 만드는 데 꼭 필요합니다.

그렇다면 그것을 보장하는 조건을 어떻게 자연스럽게, 지속적으로 찾을 수 있을까요? 그리고 조직 개발에도 적용할 수 있는 전제 조건을 어디서 찾을 수 있을까요? 답은 게임에 있습니다. 사람들이 열정적으로 꾸준히 즐기는 좋은 게임을 보면 답이 나옵니다. 좋은 게임은 플레이어에게 다음의 요소를 제공합니다.

- 내가 통제한다는 느낌

- 일이 진척된다는 느낌(진행에 대한 확인과 측정이 가능하게 함)

- 소속된 멤버라는 느낌

- 고차원적인 목적의식

오픈스페이스 베타는 이런 원칙을 활용합니다. 효과적인 게임 역학을 쉽게 사용하도록 설계한 것입니다. 만족스럽고, 즐거우며, 생산적인 경험과 결과물이 나올 수 있도록 상호작용과 협력을 설계했습니다.

좋은 게임의 4가지 특징은 이렇습니다.

- 명확한 목표

- 동일하게 적용되는 명확한 원칙들

- 게임의 진척도를 확인하고 피드백을 받을 가능성

- 게임 전반에 대한 자발적인 자율적인 참여

이런 기준을 충족하지 못하는 게임은 매력이 없어 사람들이 떠나가게 됩니다. 일반적인 변화 과정에서는 그것을 '변화에 대한 저항' 으로 해석합니다. 하지만 그것은 변화 자체에 대한 거부가 아니라, 어설프거나 재미없는 게임에 대한 반응입니다.

오픈스페이스 베타는 변화 관련 작업을 여러가지 좋은 게임의 형태로 바꾸어 조직 변화를 촉진합니다. 특히 중요한 '게임 요소'는 지시, 명령, 강제가 아닌 '초대'입니다. 참가자들은 베타 방식을 실행하며 특정한 방식으로 조직을 만들어 볼 수 있도록 초대를 받는 것입니다.

베타 대전환이 재미 있으려면, 앞서 언급한 좋은 게임의 네가지 요소가 명확히 설계되어야 합니다. 오픈스페이스 베타를 적용할 때는 그 초점을 게임 역학과 일관되게 맞춰야 합니다.

{ 오픈스페이스 베타는 상호 연관되는 게임 시리즈로 베타 경험을 구조화 해줍니다. 모두가 재미있게 실행할 수 있도록 도와 줍니다. 90일의 변화 기간동안 게임처럼 재미 있게 즐기면 됩니다. }

용어

오픈스페이스 베타는 사회학, 심리학, 문화인류학을 비롯해 조직 과학의 핵심 이론을 토대로 하고 있습니다. 그 개념들을 이 책에서 모두 다룰 수는 없기에 추천 자료 부분에 추가 정보를 담았으니 참고하시기 바랍니다. 이 책에 등장하는 핵심 용어를 살펴보겠습니다.

알파Alpha 베타의 반대말. 통상 지시와 통제, 피라미드 조직이라고 합니다.

알파는 위에서 생각하는 사람과 아래에서 실행하는 사람으로 나누어 조직은 위에서 아래로 운영되어야 한다는 전제에 기초합니다. 관리라는 사회 공학이 지배하면서 알파는 산업화 시대에 잘 작동하는 모델이었습니다. 그러나 더 복잡한 지식정보화 시대 앞에서는 작동을 멈추었습니다. 하지만 아직까지 많은 조직들이 알파 모드에 머물러 있습니다. 베타 마인드와 마찬가지로 알파를 불가분의 12가지 원칙이나 법칙 등으로 표현하기도 합니다.

권위 투영 Authority Projection 오픈스페이스 베타의 코치와 컨설턴트(MC,

Master of Ceremonies로 활동합니다.)가 자동적으로 권위자가 되어 버리는 현상입니다. 이는 종종 조직의 변화에 다양한 장애가 됩니다.

오픈스페이스의 시작 Beginning Openspace 학습 챕터를 시작하는 오픈스페이스 미팅. OS1 이라고도 합니다.

베타, 또는 베타코덱스 Beta, or BetaCodex 베타는 복잡한 시장과 인간 본성에 맞는 조직의 마인드셋입니다. 베타 마인드셋은 불가분의 12가지 원칙인 베타코덱스로 설명할 수 있습니다.

챕터, 또는 학습 챕터 Chapter, or Chapter of Learning 명확한 시작, 진행, 종료가 있는 조직 학습의 한 단위. 오픈스페이스 베타에서 학습 챕터는 두개의 OS 미팅OS1, OS2 사이에 있으며, 기간은 90일입니다.

코치Coach(es) 베타 방식의 원칙, 방법, 실행을 돕는 외부 인사. 오픈스페이스 베타 에서는 이것이 일시적인 역할임을 명확히 하고 있습니다.

복잡계 기반 도구 Complexitools 인간과 뗄 수 없는 조직적 방법론. 해결하고자 하는 문제 만큼이나 복잡성과 생동성을 갖고 있습니다. 대표적인 예가 OS입니다. 이외에 상대적 목표설정Relative Targets, 또는 조직 위생 이론 Organizational Hygiene이 있습니다.

의도된 스토리텔링 Deliberate Storytelling 조직내에서 발생하는 우려와 걱정을 덜어주고자 사회적 공간에 의미를 불어넣는 행위.

구매 주체 Economic buyer 외부 지원을 효과적으로 얻기 위해 최종 결재를 하는 고객사 조직의 책임자. 오픈스페이스 베타는 전통적 의미의 외부 컨설턴트를 필요로 하지는 않습니다. 하지만, MC와 코치 역할은 보통 외부 조언자로 이뤄집니다. 일반적으로 구매 주체는 오픈스페이스 베타의 스폰서 역할이 되기도 합니다.

퍼실리테이터, 또는 OS 퍼실리테이터 Facilitator, or OpenSpace Facilitator OS 또는 다른 회의에서 구성원이 더 쉽게 참여하고 즐길 수 있는 과정을 만드는 존재. 스폰서로부터 OS 미팅의 수행을 돕는 역할을 부여 받습니다. OS 퍼실리테이터는 안전하고 개방된 분위기를 형성하도록 돕고, 미팅하는 동안 열린 공간을 유지합니다.

전환 Flipping 알파에서 베타로의 전환을 위해 조직 체계에 신중하게 개입하는 것입니다. 전환의 과정에서 우리는 의도적으로 업무 방식에 대한 작업을 합니다. 업무 방식의 요소를 제거 또는 강화하거나 새로 도입합니다. 일반적으로 전환은 빠르게 진행됩니다.

게임 역학 Game Mechanics 구성원들의 참여를 이끌어 내는 효과적 게임의 구체적 특징. 잘 만든 게임에는 잘 만든 게임 역학이 있습니다. 게임 역학의 요소로는 명확한 목표, 명확한 규정, 진척도를 명확히 알 수 있는 도구, 자율적인 참여권이 있습니다.

집단 역동 Group Dynamics 리더십, 권한, 집단의 무의식적 흐름 연구에 집중하는 역학

인플루언서 Influencer 영향력을 지닌 인물. 관계적, 사회적 힘을 가지고 있으며 주위 사람들이 좋아하는 인물. 이 영향력은 비공식 구조에서 나타납니다.

초대 Invitation 오픈스페이스 베타에서 공식 권한을 가진 관리자가 구성원들에게 참여 기회를 제공하는 것을 의미합니다. 일반적으로 조직의 행사나 업무 과정에 참여하는 것을 뜻합니다. 진정한 초대에는 거절에 대한 불이익이나 부정적인 표현이 없어야 합니다.

리더십 Leadership or Leaderships 리더십은 사람과 사람의 사이에서 생겨납니다. 이런 의미에서 '(하나의) 리더'라는 용어는 모순입니다. 리더십은 공식, 비공식, 가치창출의 3가지 구조에서 각각 나타나기 때문에 반드시 복수형으로 사용해야 합니다.

레벨업 Leveling Up 게임에서 새로운 수준으로 올라가는 것. 여기서는 새로운 역량을 가진 수준이 되는 것을 의미합니다.

강제 Mandate 조직 변화의 과정에서 참가자가 원하고 생각하고 느끼는 바를 무시한 강제 참여를 유발하는 커뮤니케이션이나 명령. 가끔 혼동되기는 하지만 초대와는 상반되는 개념입니다.

MC Master of Ceremonies 통과의례에서의 핵심 역할입니다. MC는 다음 단계로의 변화를 이해하고 있으며 스폰서와 참가자가 변화의 어느 위치에 와 있는지를 확인합니다. 또 구성원들이 동의한 챕터의 원칙을 지속적으로 따르도록 합니다. 오픈스페이스 베타에서 MC 역할은 오픈스페이스 베타 실행자가 맡습니다. 일반적으로 조직 컨설턴트나 고문이 하게 됩니다.

중립 지대 Neutral Zone 두 상태 사이의 불안정한 전환기. 사람들은 약혼에서 결혼으로 이어지는 중립지대를 경험하면서 담배를 끊거나 이사를 가거나 일을 바꾸기도 합니다. 조직에서는 하나의 사고 및 일하는 방식에서 변화하는 기간을 중립지대라고 합니다. 새로운 방법론을 조직구성이나 과정에 적용하는 초기 단계가 이에 해당될 수 있습니다. 새로운 방식에 대한 불확실성과 모호성은 혼란과 스트레스를 만들 수 있습니다.

추가적으로 이 자료를 참고하세요. 윌리엄 : 전환기 관리 William : Managing Transition

오픈 소스 Open Source 제작자와 기여자의 성과물을 존중하면서 기여, 혁신, 커뮤니티의 협업 노력을 활성화하는 라이선스 형태. 오픈스페이스 베타와 Prime/OS는 오픈소스의 문화적 기술로 공개되었습니다.

오픈스페이스 OS, Open Space 자기 조직화를 촉진하는 회의 방식. OS포맷은 매우 높은 수준의 참여를 이끌어 내기 위해 만들어졌습니다. 열정과 책임감 있는 사람들을 같은 시간 한 자리에 불러모아 모든 참가자들이 중요한 사안들을 함께 이야기합니다. 오픈스페이스 베타는 오픈스페이스를 활용하여 초대와 참여를 극대화 합니다.

자율적인 참여 Opt-in Participation 초대에 대해 온전히 자발적으로 참여하겠다는 선택. 게임에서는 좋은 게임 역학의 요소. 모든 좋은 게임은 분명한 목표, 명확한 원칙, 진행상황의 확인, 그리고 자율적인 참여가 있습니다. '초대와 강요' 항목을 참고하세요.

조직 역학 Org. Physics 조직은 세 개의 구조(공식, 비공식, 가치창출)를 갖고 있습니다. 여기에 세 가지 권력(위계, 영향력, 명성)이 생겨나고, 세 가지 리더십(명령준수, 사회적, 가치창출 리더십)이 있습니다. 세 가지 구조는 상호 의존적입니다.

통과의례 Rite of Passage 일반적으로 문화 인류학과 사회학에서는 구성원의 사회적 신분이 변화할 때 거치는 의례라고 설명합니다. 조직에서는 의례를 통해 참가자들의 사회적 지위가 변화합니다. 오픈스페이스 베타는 새로운 사고와 일하는 방식으로의 변화 과정에서 생기는 스트레스를 다스리는 의례입니다. 통과의례는 새로운 방식을 이해하고 수용하도록 도와줍니다. OS 회의와 베타 방식의 실천 기간이 통과의례가 됩니다. 오픈스페이스 베타는 팀과 조직의 통과의례 디자인 및 구성을 촉진합니다.

'중립지대, MC' 항목을 참조하세요.

패턴 Patterns 시스템 이론에 따르면, 조직은 사람이 아니라 오로지 사람들의 커뮤니케이션으로 구성됩니다. 이 커뮤니케이션은 혼란스럽거나 무질서하지 않습니다. 새로운 패턴에서 이런 현상이 생겨나는데 이는 조직의 구성원이 통제할 수는 없습니다. 오픈스페이스 베타에서는 실천, 학습, 대전환의 과정 중에 의도적으로 강하게 기존 패턴을 자극할 수도 있습니다.

회의록 Proceedings OS 회의 내용이 담긴 기록물. 참가자 이름과 각 세션(소그룹 회의)에서 논의된 단어, 도표, 그림이 들어갑니다.

회고의 기간 Quiet period 오픈스페이스 베타에서 90일의 과도기 이후에 있는 30일의 기간입니다. 오픈스페이스 베타의 통과의례는 최소 1일의 OS 행사로 시작되고 끝납니다. 회고의 기간 동안, 오픈스페이스 베타 조언자인 MC와 코치는 조직과 커뮤니케이션을 하지도 않고 외부의 조언도 멈춥니다.

실력자Reputationer 가치창출에 연관되는 명성을 가진 사람 또는 마스터 수준이라는 평판을 받는 사람. 명성의 힘은 가치창출 조직에서 드러납니다.

스폰서Sponsor 조직에서 최소 하루 이상 지속되는 OS 행사에 사람들을 초대하고 회의할 권한을 가진 인물.

Part 2

오픈스페이스 테크놀로지
OST, OpenSpace Technology
역할과 핵심
(Harrison. Owen의 소개 포함)

OST에 대해서

OST는 여러 형태의 모임에서 활용할 수 있도록 만들어졌습니다. 30년 이상, 124개국에서 50명에서2,000명까지 다양한 규모의 집단이 오픈스페이스를 실행했고 복잡한 문제를 풀어냈습니다.

- OS 행사는 조직이 다음을 갖췄을 때 가장 성공적으로 운영됩니다.
- 집단이 관심을 갖고 있는 매우 중요하면서도 복잡하고 힘든 문제
- 문제해결 의지, 구성원의 다양성, 논쟁 가능성
- "지나온 일들"에 대한 평가의 시간
- 미래와는 맞지 않는 조직 모델

이 미팅 방식은 새로운 베타 대전환으로의 재시작, 재구성, 변화 노력을 시작하기에 가장 적합합니다.

OST는 초대, 존중, 자율적인 참여, 무엇보다 자기조직화로 이뤄집니다. 이 원칙을 존중하면 구성원들은 베타 대전환에 관한 자신들의 이야기를 함

께 쓰기 때문에 더 적극적으로 참여합니다.

자기조직화는 확장이 가능합니다. 그리고 OST는 자기조직화의 장점을 극대화합니다. 반면 사전에 정해진 틀이나 규정된 방식이 있으면 확장은 어렵습니다. 사람들에게 강요하는 방식은 잘 작동하지 않습니다.

오픈스페이스 베타는 OST의 심도 깊은 '실행-전환-학습'이라는 의식으로 시작하고 마칩니다. 이러한 하루 또는 이틀 간의 모임은 경우에 따라 20개, 50개, 또는 그 이상의 토의세션을 갖습니다.

그리고, 놀랄 준비만 하세요!

{ OS는 조직개발의 접근법에서 시작되었고, 이후 회의 기술로 널리 활용되고 있습니다. 오픈스페이스 베타로 OS는 체계적인 틀을 갖게 되었습니다. }

OST의 간단한 사용 가이드 :
해리스 오웬의 소개

해리슨 오웬의 허락을 받고 간단한 사용 가이드 내용을 발췌하여 소개합니다. 좀 더 진지하게 고민하는 분들은 더 포괄적이고 완결된 'OST 사용자 가이드 3판(OpenSpace User's Guide 3rd Edition)' 전문을 보시기 바랍니다.

OST의 필요조건

OST에는 몇 가지 필요 조건이 있습니다. 명확하고 매력적인 주제, 관심과 적극적 의지를 가진 집단, 시간, 장소, 리더가 있어야 합니다. 지나치게 세부적인 주제, 계획, 자료는 보통 생산성을 저해합니다. 이 간단한 사용 가이드는 대부분 새로운 리더와 그룹이 실행하여 효과성을 입증하였습니다. OST의 실행에서 추가적으로 알아야 할 것들은 많지만 이것 만으로도 충분히 시작할 수 있습니다. 상대적으로 완성도 있는 그림을 만들기 위해 책에 있는 일부 도구를 여기에 포함했습니다.

주제 강력한 주제 진술문을 만드는 것이 핵심입니다. 이는 집중된 토의와 자발적 참여의 핵심으로 작용하기 때문입니다. 주제 진술문은 길거나 건조해서는 안되고 목적과 목표가 반복되어서도 안 됩니다. 참가자들에게 동기부여를 할 수 있을 정도의 구체적인 방향성을 제시해야 하고 그룹의 상상력을 포용할 정도의 충분한 개방성도 있어야 합니다.

따로 정해진 공식은 없습니다. 한 그룹을 적극적이게 만드는 공식이 다른 그룹을 냉랭하게 만들기도 하니까요. 주제 진술문은 재미있는 이야기의 도입부 와도 같습니다. 따라서 주제 진술문을 통해 지금부터 할 이야기의 방향성, 그리고 앞으로 펼쳐질 모험에 대한 내용을 독자가 충분히 알 수 있어야 합니다. 하지만 초반에 "전부 다 말하려고" 애쓰면 독자는 끝까지 읽지 않을 것입니다. 이미 아는 내용을 누가 읽겠습니까?

그룹 그룹은 관심과 적극적 의지가 있어야 합니다. 그렇지 않으면 OST는 작동하지 않습니다. 심도 깊은 창조적 학습의 핵심 재료는 '진정한 자유'와 진정한 책임감입니다. 자유는 실험과 탐험을 가능하게 하며, 책임감은 그 두 가지를 진지하게 추구하도록 해줍니다. 관심과 적극적 의지는 책임감 있는 자유를 누리기 위한 전제조건입니다. 관심과 적극적 의지는 강요할 수 없습니다.

관심과 적극적 의지를 확보하려면 OS 행사를 자발적으로 참여하도록 해야 합니다. 행사에는 원해서 온 사람들만 있어야 합니다. 그리고 사전에 무엇을 하게 될지를 알고 참석하는 것이 중요합니다. 물론 아직 일어나지도 않은 세부 사항에 대해 알 수는 없습니다. 하지만 전체적인 윤곽 정도는 알 수 있고, 또 알아야 합니다. 모두가 OS에 참여해야 하는 것은 아닙니다. 오히려 비자발적인 '묻지마식 참여'는 본래의 의도를 해칠 수 있습니다.

그럼 여기에서 궁금한 것이 생깁니다. 당신이 꼭 참여시키고 싶은 사람이 있는데 설득이 안된다면 어떻게 해야 할까요? 여기에는 두 가지 가능한 방법이 있습니다. 첫 번째는 두 개의 세션 일정을 잡는 것입니다. 그리고 첫 번째 세션의 좋은 성과가 입소문으로 퍼지면서 반대하는 이들의 저항을 줄여줄 것임을 믿는 것입니다. 두번째는 사람들이 원하는 바를 존중하는 것입니다. 우리가 최종 분석한 바로 진정한 학습은 관심과 적극적 의지에서 나옵니다. 어떤 것도 강요로 이뤄지는 것은 절대로 없습니다.

그룹의 크기는 절대적으로 중요한 것은 아니지만 최소 20명은 되어야 하는 듯합니다. 20명 이하인 경우, 진정한 교류에 필수적인 다양성이 부족할 수 있습니다. 최대 400명 그룹까지도 매우 잘 작동하며, 그 이상도 안될 이유는 없습니다.

공간 필요 공간은 중요합니다. 하지만 모든 것이 고급스럽게 갖춰져 있을 필요는 없습니다. 편안함이 더 중요합니다. 모든 참가자를 수용하고 참가자들이 편하게 움직일 수 있을 정도의 공간은 필요합니다. 책상과 테이블은 방해가 되기 쉽습니다. 반면 이동 가능한 의자는 필수 요소입니다.

초기 배치는 원형이며, 공간 어딘가 에는 크고 비어 있는 벽면이 필요합니다. 벽면은 창문, 출입문, 파이프 등이 없고 테이프로 종이를 붙일 수 있어야 합니다. 또한 벽면은 참가자 전원이 그 앞에 설 수 있을 정도의 길이는 되어야 합니다. 오픈스페이스는 열린 공간이기 때문에 원형 공간의 가운데는 비워 둡니다. 공간이 매우 크다면 공간을 나누는 것이 도움이 되기는 하지만 이 또한 필수사항은 아닙니다. 가장 좋은 것은 공용 공간이 풍부한 환경입니다. 회의장이나 호텔을 활용한다면 조용한 회의공간, 로비, 공용공간이 있는 곳을 찾아야 합니다. 그렇게 해야 사람들이 방해를 주지도 받지도 않는 환경에서 만나고 일할 수 있습니다.

시간 필요 시간은 원하는 결과물이 얼마나 구체적이냐에 따라 달라집니다. 아무리 큰 그룹이라 해도 8시간이면 서로 교류하면서 주요 이슈를 제대로 다룰 수 있습니다. 하지만 전략 수립이나 제품 개발의 경우와 같이 더 깊이 들어가 확고한 결론과 방향성을 잡고자 한다면 시간은 2~3일로 늘어날 수도 있습니다.

시간의 길이보다 중요한 것은 연속성입니다. 방해를 받으면 OST는 작동하지 않습니다. 즉, "잠깐 들러 본다" 식의 참여는 안 된다는 것입니다. 참가자는 처음부터 끝까지 함께 여야 합니다. 같은 맥락에서 과정이 시작된 뒤에는 다른 행사나 발표가 끼어들어서는 안됩니다. 본 행사의 시작 전이나 종료 후에는 가능할지 몰라도 진행 중에는 안됩니다.

기본 구조

OS 행사에는 미리 준비된 주제는 없지만, 전체적인 구조와 틀은 있어야 합니다. 물론 사람들에게 언제까지 무엇을 해야 한다고 강제하는 것이 이

틀의 의도는 아닙니다. 이 틀은 참가자들이 스스로의 문제를 해결할 수 있도록 지지해 주는 환경을 만드는 것입니다. 최소 요건은 이렇습니다. 오프닝, 주제 설정, OS, 결론. 이는 하루 동안 충분히 다룰 수 있는 요소입니다. 이보다 긴 경우에는 아침 공지, 저녁 뉴스, 그리고 경우에 따라 축하시간을 추가할 수 있습니다.

이 요소를 활용한 표준 OS 디자인을 아래에 소개합니다. 정해진 시간보다 길어지겠다고 생각되면 중간에 들어가는 날을 반복하면 됩니다. 짧아지는 경우는 오프닝, OS, 결론이면 충분합니다. 일반적으로 필요한 최소 시간은 5시간이지만, 이건 제대로 마무리한다고 하기 보다는 잘라내는 것에 가깝습니다.

오프닝 일반적으로 사람들은 격식 없는 오프닝을 더 선호한다는 것을 알게 되었습니다. 같은 일을 하는 하나의 그룹인 경우 더 그렇습니다. 저녁 식사와 사적 대화는 효과적인 장을 만들어 줍니다. 그룹은 사전 협의가 없어야 하고, 모든 참가자가 자기 이름과 개인적 소개 등을 할 도구 정도만 있으면 됩니다. 어색함을 깨려고 세심하게 준비한 활동은 효과가 좋지 않았고, 심지어 초반 분위기를 잘 못 잡을 수도 있습니다. 우리가 원하는 것은 OS, 자유롭게 열린 공간입니다.

주제 설정 그룹이 원하는 바를 드러내는 시간입니다. 과정에 대한 세부내용은 아래에 제시됩니다.

오픈스페이스 단어가 정확히 의미하듯, 그룹이 활동할 수 있는 열린 공간과 시간입니다. 사전에 미리 정해진 것은 없습니다.

공지 매일 아침, 그룹의 구성원들에게 무엇이 어디서 언제 어떻게 진행되고 있는지를 간단히 알려줍니다. 이는 세부사항에 대한 설명이나 연설이 아닌 그냥 사실만 공유합니다.

저녁 뉴스 보통 하루를 되돌아 보는 시간인데 종종 재밌기도 합니다. 이것은 공식적인 보고회와 혼동하면 안 됩니다. "어떤 일이 있었나요?" 형식으로 접근합니다. 참가자들이 자발적으로 이야기를 나누는 시간입니다.

축하 OS를 하루 이상 진행한 경우, 마지막 날 저녁은 축하 또는 파티를 엽니다. 회사의 전략적 계획 준비와 같은 '진지한' 성격의 모임이었더라도, 종료가 되면 참가자들은 종료가 되었다는 그 자체만으로도 축하 행사를 즐길 수 있습니다. 우리는 이 축하 행사를 다른 영역과 같은 방식, 같은 관심도로 하기를 권합니다. 사전에 계획하지 말라는 것입니다. 사람들이 춤추는 것을 좋아한다고 생각하면 음악을 준비할 수도 있겠지요. 하지만 사람들은 각자 갖고 있는 재능이 있습니다. 그것을 활용하세요. 짧은 역할극이나 노래, 유머가 있는 리뷰 정도면 저녁시간이 즐겁고, 학습 경험도 함께할 수 있습니다.

마무리 우리는 마무리를 단순하면서 진지해야 합니다. 단순하다는 것은 공식 발표 같은 것이 없다는 것입니다. 하지만 마무리는 결단을 내리고, 다음 단계를 설정하고, 이 행사의 의미를 말하는 것이기 때문에 진지해야 합니다. 마무리는 '대표 자리'가 따로 없는 원형이 좋습니다. 누구든 자유롭게 시작할 수 있고 돌아가면서 의미 있었던 내용과 제안사항을 나눕니다. 여기서 기억할 것은 모두가 무조건 발언할 필요가 없다는 것입니다. 큰 그룹일수록 모두의 의견을 다 듣는 것은 현실적으로 불가능합니다. 자발적인 몇 명의 발언을 들으면 충분합니다.

공식 보고 회의는 공식 종료 보고로 마무리 됩니다. 하지만 통상 지루하고 비생산적이기가 쉽습니다. 각 그룹의 모두가 원하는 만큼 말할 시간은 없습니다. 그렇다고 시간이 길어지면 다수의 참가자는 흥미를 잃을 수도 있습니다. 이에 대한 대안으로 컴퓨터로 단순 기록을 하거나 온라인 공유 문서를 활용할 수 있습니다.

최근 한 회의에서 200명의 참가자가 회의를 하여 65개 안건에 대한 프로젝트 팀 보고서(총 200페이지 분량) 를 제출했습니다. 보고서는 사람들이 회의를 마친 후에도 볼 수 있게 했습니다. 여기에서 필요한 시스템은 여러 대의 컴퓨터입니다. 각 그룹의 진행자는 논의의 결과를 시스템에 입력하는 것입니다. 스스로 타이핑을 할 수도 있고, 타이핑이 어려운 경우는 비서 역할을 하는 이들에게 맡길 수도 있습니다. 그 결과를 인쇄하여 벽에 게시한 뒤, 실시간으로 회의 결과를 계속 제공합니다. 그렇게 하면 어떤 일이 벌어지고 있는지를 참가자들이 제때에 알 수 있다는 장점이 있습니다. 회의 과정의 보고서를 6개월 후가 아닌 회의 직후에 받는 것은 기분 좋고 긍정적인 깜짝 선물이 됩니다.

식사 진행 공지에는 식사 시간이나 휴식 시간이 따로 있지 않습니다. 이유는 매우 간단합니다. 작은 그룹 단위로 회의가 일단 시작되면 대부분 끊기지 않고 논의가 진행됩니다. 세 번째 원칙(끝이 나는 그때가 끝날 만한 시점입니다.) 에 따르면 필요한 때는 자연스럽게 찾아옵니다. 작지만 풀리지 않는 문제들은 식사나 커피 휴식을 부릅니다. 이를 위해 사람들이 필요할 때 언제든 이용할 수 있도록 음료나 간식을 회의실에 두어야 합니다. 이렇게 하면 모든 그룹이 보조를 맞출 필요도 없고, 커피타임이나 휴식시간이라는 이유로 중요한 논의를 멈출 필요도 없습니다. 식사도 마찬가지입니다. 우리는 몇 시간 동안 이용 가능한 뷔페를 추천합니다. 누구나 원할 때 식사를 할 수 있도록 말이죠. 이런 유연한 식사와 커피타임 운영에는 두 가지 예외가 있습니다. 바로 첫날과 마지막 날의 저녁입니다.

핵심은 이것입니다. 회의의 단계와 타이밍은 주방의 사정이 아닌, 그룹의 필요와 학습 과정에 의해 결정되어야 한다는 것입니다.

참고 퍼실리테이터라면 공간의 개설과 유지에 관해 해리슨 오웬의 사용자 가이드를 읽어도 좋습니다. "http://www.openspaceworld.com/users_guide.htm"

OS에서의
권한과 자기 조직화

모든 사회적 상황은 "권한의 차원"이 있습니다. OS는 매우 사회적 상황이므로 "권한의 차원"이 존재합니다.

OS에서의 권한 분배와 역학관계는 매우 단순합니다. 스폰서, 퍼실리테이터, 참여자, 이렇게 세가지 역할이 있습니다.

- 스폰서(주최자)는 참가자를 환영하고 행사를 주관합니다.
- 스폰서는 행사진행을 위해 퍼실리테이터에게 권한을 넘겨줍니다.
- 퍼실리테이터는 참가자와 그룹의 개개인에게 권한을 넘겨줍니다. 참가자는 행사의 "운영"에 매우 적극적 역할을 합니다.

퍼실리테이터는 스폰서에게 받은 권한의 작은 부분만을 갖습니다. 그것은 "공간을 유지"하는 권한으로 공간의 개방성을 유지하는 것입니다.
"공간 유지"의 방법은 여러 가지가 있습니다. 이는 퍼실리테이터마다, 상황마다 다릅니다. 이론적으로 확실한 것은 OS 행사에서는 참가자들이

스스로에게 맞는 방식으로 자유롭게 즐길 수 있어야 한다는 것입니다. 참
가자들은 "이렇게 해야 한다" 는 식의 간섭없이 원해서 이 자리에 참석한
것입니다.

{ OS 행사는 매우 높은 수준의 자기조직화를 추구하며, 이
를 위한 풍부한 환경 조건을 만듭니다. }

OS에서의 역할

OST는 대규모의 모임을 준비하고 실행할 수 있게 하는 간단한 템플릿을 제공합니다.

　OST에는 스폰서, 퍼실리테이터, 참가자, 컨비너의 단 4개의 역할이 있습니다.

　이 역할은 자기조직화가 만들어질 공간을 열어줄 가이드를 제공하고 경계선을 정해주게 됩니다.

- **스폰서가 행사를 승인합니다.** 조직이 이 행사와 그 결과를 중시한다는 것, 행사를 진행할 퍼실리테이터에게 권한과 책임을 부여한다는 것을 명확히 하는 것입니다.
- **퍼실리테이터가 스폰서에게 권한을 부여 받아 행사를 처음부터 끝까지 실행합니다.** 퍼실리테이터는 개방적이고 자기 조직적인 공간을 만드는 책임과 권한을 갖습니다. 행사 성공을 위한 나머지 권한과 책임은 참가자에게 넘어갑니다.

- **참가자는 참여를 결정하면서 스스로를 조직화 합니다.** 회의에 참여하고 그 결과를 조직의 다른 이들과 나눕니다.

- **컨비너는 소그룹 토의를 위한 세션 토픽을 제안하고 실행합니다.** 각 세션에서 컨비너는 모든 참가자의 발언에 열려 있는 미팅을 유지하는 책임을 갖습니다. 또 컨비너는 회의록을 모으는 책임을 맡습니다.

스폰서

오픈스페이스의 스폰서는 오픈스페이스 베타에서 가장 중요하고 어려운 역할입니다. 적절한 스폰서가 없다면 대전환은 어려움에 직면하게 됩니다.

효과적인 스폰서의 필요조건은 이렇습니다.

- 하루 종일 진행되는 일정을 세우고, 초대된 사람들의 참가를 승인할 충분한 권한을 가진 **공식 권한 관리자**여야 합니다.
- 스폰서와 관련된 모든 **임무와 의무를 온전히 수행할 의지**가 있어야 합니다.
- 행사 직후의 **회의록에 따라** 절차와 실행안을 만들고 준비하는데 **최선**을 다해야 합니다.

스폰서는 OS 행사의 전후, 다음과 같은 중요한 책임을 집니다.

행사 전
- **주제를 다룰 사람들을 초대**하고, OS 행사의 준비와 구성에 열정과 책임을 가질

만한 사람을 찾아냅니다.

- **초대장 초안을 만들고 보냅니다.** 베타 대전환의 일원이 될 조직의 모든 구성원에게 보내는 것입니다. 개인적으로 초대를 보냄으로써 이 행사의 중요성을 전달하는 것입니다. 이 책임을 위임하면 스폰서는 "난 (이보다) 더 중요한 일이 있어"라는 의미를 전달하게 됩니다.
- **OS 행사에 관한 '의도된 스토리텔링'에 적극적으로 참여합니다.** 여기에는 오픈스페이스 행사에 대한 설명, 행사의 목적, 결과에 기반한 실행 내용이 들어갑니다.

행사 중

- **모든 참가자를 환영합니다.** 초대에 응하고 베타 대전환에 적극적으로 관여해 준 것에 감사를 표합니다.
- **조직이 마주한 기회와 위협에 대해 소통합니다.**
- **미팅에서의 작업이 매우 중요하다는 신호를 보냅니다.** 단어, 표정, 행동, 목소리 톤, 진정성 모두가 중요한 신호입니다. 조직 전체의 사람들이 이 신호를 보게 됩니다. 이는 스폰서가 베타 대전환과 행사에 대해 어떻게 생각하는지를 보여주는 것입니다.
- **퍼실리테이터를 소개합니다.** 그리고 OS에 대한 권한을 넘겨주고 물러납니다.
- 다른 참가자를 강요하지 않고 **동료로서 OS에 참여**합니다.

행사 후

- **최대한 빨리 회의록을 공유합니다.** 보통 문서의 링크를 담은 메일을 보냅니다.

- 완결된 회의록을 빠르게 배포한다는 것은 스폰서가 OS의 결과물과 베타 대전환을 중요하게 여긴다는 의미가 됩니다.
- 회의록을 검토하고 이에 의거해 **즉각 행동할 운영팀을 소집**합니다.
- 베타 방식의 적용이 지속되게 해주는 **의도된 스토리텔링에 참여**합니다.

여기서 중요한 것은 스폰서와 조직 내 다른 공식 관리자들이 이 모든 과정을 적극적으로 지지한다는 신호를 보내는 것입니다. 경영진이 보내는 최고의 지원은 회의록에 있는 이슈들을 즉각적으로 검토하여 행동하는 것입니다.

{ 스폰서는 진정으로 베타, 오픈스페이스 베타에 확신을 갖고 있어야 합니다. 진정으로 그것을 원해야 합니다. 실제로 다른 누구도 아닌 스폰서가 공간을 열어줄 수 있습니다. }

퍼실리테이터

해리슨 오웬은, "심도있는 창조적 학습의 핵심 재료는 진정한 자유와 책임"이라고 했습니다. OST의 프레임은 참가자들이 자신들에게 가장 중요한 일들을 인식하고 토론하고 해결할 수 있는 안전하고 열린 공간을 만들어 줍니다. 성공적인 행사의 책임은 참가자에게 있습니다. OS 퍼실리테이터의 역할은 공간을 유지하여 참가자를 돕는 것입니다.

퍼실리테이터는 스폰서의 공식적 승인에 의해 행사의 조정과 진행을 합니다. 이상적인 것은 퍼실리테이터가 조직 내에서 다른 권한이 없는 것입니다. 퍼실리테이터는 공식적으로 참가자가 주제에 관련한 문제를 인식하고 토의하며 해결할 수 있도록 권한을 넘겨 주어야 합니다.

퍼실리테이터는 참가자들이 창조적인 학습을 할 수 있도록 필요한 환경과 지원 공간을 사전에 마련해야 합니다.

• **공간의 중앙을 향해 원형 또는 반원형으로 배치된 의자.** 백지와 마커펜 외에는 아무것도 없어야 합니다.

- **세션의 설명을 붙여 둘 수 있는 넓고 비어 있는 벽면을 확인합니다.** (여기에 주제가 만들어 집니다.)
- **주제, 네 가지 원칙과 하나의 법칙, "놀랄 준비하세요"라는 내용이 포함된 포스터** 를 공간 곳곳에 붙입니다.

스폰서에게 공식 권한을 받은 후, 퍼실리테이터는 참가자를 환영하고 OS를 간단히 설명한 후 공간을 유지합니다. **퍼실리테이터는 OS의 작동방식에 대한 간단한 안내를 제공**한 뒤, 다음을 설명하면 됩니다.

- 참가자 누구나 컨비너가 될 수 있습니다. 본인이 관심과 열정을 갖고 있는 주제 를 제안하고 시간을 잡을 수 있습니다. 또 향후 회의록에 참고할 수 있도록 논의 내용을 문서화하겠다는 것을 명확히 하면 됩니다.
- 참가자는 흥미가 생기는 세션을 선택해서 참여하는 형태의 초대를 받습니다.
- 네 가지 원칙과 한 가지 법칙
- "마무리 세션 때 여기 다시 모이겠습니다."

그리고 퍼실리테이터는 물러납니다. 참가자들의 자기 조직화를 허용하고 신뢰하고 기대하는 것입니다.

남은 행사 시간 동안, 퍼실리테이터는 OS의 분위기를 유지하는데 도움이 되는 것은 무엇이든 합니다. 무슨 일이 벌어지는지 돌아 다니며 파악하는 것 일 수도 있고, 쓰레기를 치우거나 집중을 방해하는 요소를 제거하는 것일 수도 있습니다.

행사 종료 시에는 마무리용 원형 배치 환경을 만들고 참가자들이 학습하게 된 것, 실행하고자 하는 활동을 나누도록 초대합니다.

OST 퍼실리테이터는 오픈스페이스 베타 , 90일의 실행, 전환, 학습 기간 중 다른 역할을 맡으면 안 됩니다.

{ 퍼실리테이터의 역할은 일시적이고 조용합니다. 하지만 OS 전반의 공간이 열려 있게 해주는 중요한 역할입니다. }

참가자

참가자는 OS행사 및 관련한 대화에 참여할지를 결정합니다.

OS 퍼실리테이터는 참가자들이 어떤 식으로 참여할지를 결정할 수 있도록 공식적으로 권한을 부여합니다. 퍼실리테이터는 참가자들이 '두 발의 법칙'을 따르도록 격려합니다. 두 발의 법칙은 "함께하는 시간 동안 당신이 배우지도, 기여하지도 않고 있는 상황이라고 생각되면, 두 발을 이용해 다른 곳으로 가라"는 것입니다.

이에 대한 반대 급부로 각 참가자는 행사의 성공에 대한 책임을 나누어 갖는데 동의합니다. 참가자들은 가장 관심있는 주제의 여러 측면을 논의한후, 그 결과를 다른 구성원들과 공유하면서 자기 조직화를 합니다.

오픈스페이스 베타 참가자는 온전히 자발적으로 참여합니다. 베타 적용을 지지하든, 견디든, 반대하든 상관없습니다. 참가자는 자신에게 가장 중요한 이슈를 인식하고 토의하고 해결할 자유가 있습니다.

각 참가자는 어떤 세션과 대화에 참여할지 자유롭게 결정할 수 있습니다. 참가자는 컨비너가 되어 세션의 주제를 제안할 권한도 갖습니다.

컨비너

컨비너는 소그룹 세션을 시작하는 OS 참가자입니다. 비공식적 대화도 여기 포함될 수 있습니다. 이들은 비공식적 리더십의 교점node이 됩니다. 각 참가자는 다음을 통해 자유롭게 컨비너가 될 수 있습니다.

- 주제를 제안하고 시장(아이디어 마켓)에 추가합니다.

- 필요한 회의 장소와 시간에 관해 다른 컨비너와 협상합니다.

- 논의를 시작합니다. 참가자를 환영하고 논의에 기여하도록 초대합니다.

- 논의 결과를 놓치지 않고 기록해서 회의록에 반영이 되게 합니다.

논의의 주재convening란, 주제를 설명하고 자유롭게 열린 대화가 유지되게 하는 것입니다. 컨비너의 이야기를 들어줄 청중을 모으는 것이 아닙니다.

컨비너를 위한 가이드가 몇가지 더 있습니다.

- 같은 주제를 여러 세션에서 논의해도 괜찮습니다.

- 세션에 참가자가 없다면, 다른 세션에 참가하거나 주제에 대해 개인적으로 생각하는 시간을 가져도 됩니다. 당신의 해결책이 최우선 순위가 될 수도 있습니다.
- 세션 중에 참가자가 들어오거나 나가도 됩니다. 그들은 '두 발의 법칙'을 지키고 있을 뿐입니다.

{ 참가자와 컨비너는 오직 자신의 욕구와 흥미를 따릅니다.
따라서 자신의 학습과 만족에 책임을 져야 합니다 }

OS의 네 가지 원칙과 하나의 법칙

네 가지 원칙

1. 참여하는 **누구나** 적합한 사람입니다.

2. 시작하는 **언제나** 적합한 시점입니다.

3. **끝이 나는 그때가** 끝날 만한 시점입니다.

4. **무엇이든 일어날 만한 일**이 일어납니다.

(하나 더)

일이 벌어지는 그곳이 적절한 장소입니다.

하나의 법칙(두 발의 법칙)

함께하는 동안 학습도 기여도 하지 못 한다고 생각되면, **두 발의 법칙**을 **사용해** 더 생산적인 곳으로 가세요.

Part 3

오픈스페이스 베타 :
역할과 핵심 아이디어
(기초)

오픈스페이스 베타 : 요약

오픈스페이스 베타는 빠르고 지속적 대전환을 위한 안전하고 실용적이며 반복 가능한 기술입니다. 개인과 조직이 지금 하는 일에 맞춰 언제든 적용할 수 있습니다.

오픈스페이스 베타는 초대의 힘, OS, 게임 역학, 통과의례, 스토리텔링 등을 활용하여 베타 적용이 뿌리내릴 수 있게 해줍니다. 오픈스페이스 베타는 사람, 그리고 실행에 기반합니다. 애자일Agile, 린Lean과 같은 다른 방식과 함께 쓸 수도 있습니다.

빠르고 효과적이고 지속적인 베타 변화는 좋은 프레임워크, 컨설턴트, 코치가 아닌 초대에 응한 사람들의 참여로 가능합니다.

현재의 베타 조직 모델을 개선하거나 처음부터 제대로 하기 위해 오픈스페이스 베타를 당장 시작할 수 있습니다.

베타 방식, 애자일 적용에 문제가 있습니까?
오픈스페이스 베타가 도움이 될 수 있습니다.

베타 방식을 이제 막 시작했습니까?

오픈스페이스 베타가 시작하는 방법이 될 수 있습니다.

오픈스페이스 베타는 복잡하지 않습니다.

OS로 시작하고 끝납니다.

사람들을 강력하게 몰입하게 해줍니다.

적어도 하루 이상의 온전한 OS 미팅으로 시작하고 끝납니다. 그 사이에 베타방식으로 베타를 실행합니다. 베타코덱스에서 확인되고 일치된 방식으로 시스템을 바꿉니다. **이 과정은 베타 그 자체가 그렇듯 반복적이며 자기 조직화에 기반합니다.** 대전환의 각 챕터에는 명확한 시작, 중간, 종료 단계가 있습니다.

오픈스페이스 베타의
핵심 요소

60일 : 기초 쌓기 – 이 책의 파트4

- 베타 방식과 OS로 가고자 하는 조직의 일관성과 의지를 가늠합니다.

- 스폰서가 말하고 행동해야 할 것을 MC가 조언합니다.

- 스폰서는 OS행사 후의 나온 회의록 내용을 즉각 실행하겠다고 명확하게 결단 및
  선언을 합니다.

- 스폰서와 매니저가 전체적인 베타 방식 효과를 지지하는 스토리를 만들고 이야
  기합니다.

- 공식 권한을 가진 관리자가 오픈스페이스 베타를 준비합니다. 관리자는 주제를
  정하고 90일의 실현기간을 규정합니다. 또 조직의 구성원이 조직 모델을 바꿀
  수 있도록 공개적으로 권한을 부여합니다. 관리자는 조직의 모두가 참여할 수 있
  도록 초대합니다. 모두가 적극적으로 참여하도록 노력합니다.

90일 : '실행-전환-학습'(실행‼) – 파트6

- 팀이 불신을 보류하도록 해줍니다. 필요하다면 베타 원칙과 방식이 작동하는
  "척"하며 상상력의 부족을 극복합니다. 베타 원칙 자체가 훈련을 강화해 줍니다.

- 알파에서 베타로, 체계적이고 의도적이며 기한이 있는 전환, 시스템(업무 방식)에 대한 개입이 일어납니다. 여기에는 조직 위생을 위한 목표가 포함됩니다. 베타 원칙(166페이지)과 상충되는 행동과 방식은 제거됩니다.

- '조직 구성원이 빠르게 학습할 수 있게 해주는 다양한 방식을 도입합니다. 모두를 위한 맞춤형 학습 형식은 베타 방식이 실행될 수 있도록 설계되어 있으며, 조직과 맥락에 맞는 방식으로 사용됩니다.

- 팀은 자신들의 권한과 자율성이 어디까지 인지를 이해합니다. 이 기반 위에서 베타코덱스의 원칙을 더 많이 적용하며 업무를 수행합니다.

- 베타코덱스 원칙의 범위 내에서의 새로운 시도를 독려합니다.

- 베타 대전환을 지지해 주는 공식 권한 관리자, 인플루언서, 실력자의 의도된 스토리텔링을 활용합니다.

- 모든 팀원은 베타코덱스의 12원칙에 맞는 방법을 사용합니다. 이것이 엄격하게 지켜야할 유일한 조건입니다. 어떤 도구, 방식이든 베타코덱스의 원칙과 어긋나면 제거해야 합니다. 이 기간동안 베타코덱스와 맞지 않는 것은 적합하지 않은 것입니다.

- 베타코덱스와 90일이라는 조건 이외에는 팀이 적용해야 하는 다른 가이드라인은 없습니다. 베타코덱스의 범위안에만 있다면 팀은 자신들의 일에 맞는 방식을 자유롭게 찾을 수 있습니다.

- 이상적으로 보면, 모든 팀은 전형적인 베타 방식을 적용합니다. 여기에는 매일 갖는 짧은 미팅이 포함될 수 있습니다. 필요에 따라 어떤 팀은 반복적인 스프린트, 정기적인 회고retrospectives를 활용할 수도 있습니다.

OS2 : 종료 (확인!) - 파트7

- 90일의 실행과 학습 이후에 또다른 OS 미팅(OS2) 을 갖습니다. 100% 자발적인 이 미팅 역시 그 자체로 통과의례 입니다. 여기서 사람들은 뒤를 돌아보고, 앞을 볼 수도 있습니다. 여기에서 탐색, 학습, 실행을 완결짓고 새로운 것을 발견하기도 합니다.

- OS2 에서 참가하는 팀원들은 무엇이 잘 되고 있는지, 어떻게 협업할지를 협의합니다. 또한 앞으로 무엇을 바꿔야 하는지도 더 잘 알게 됩니다.

- 이 단계에서 자기 조직화는 더 단단해집니다. 조직은 기존의 명령과 통제 방식을 끊임없이 개선하면서 자기 조직화의 탁월성을 향해갑니다. 이를 통해 조직의 변화 방향에 대해 더 명확한 인식을 갖게 될 것입니다.

- OS2는 학습의 장 하나를 마무리하고 새로운 장을 열어줍니다. 조직이 지속적인 개선과 변화를 원한다면 이 사이클은 주기적, 자체적으로 반복할 수 있습니다. 첫번째 오픈스페이스 베타 챕터 전체를 끝내고 나면, 조직의 구성원은 더욱 독립적으로 사고하고, 학습에 대한 자발적 책임감을 갖고 스스로의 학습을 성찰하게 될 것입니다.

30일 : 회고의 기간 (레벨 업!) 그리고 다음 챕터의 준비 - 파트 8

이 '공명의 시간' 또는 '성찰의 시간'에 코치와 MC는 조직에 개입하지 않습니다. 그동안 배운 것들을 바탕으로 스스로 단련한 팀은 더 높은 수준의 성과를 만들 여지를 찾아냅니다.

오픈스페이스 베타 챕터를 마친 후에도 조직의 지속적 학습과 성장을 위해 6개월 주기의 오픈스페이스 미팅 또는 '지식 컨퍼런스'를 열 수도 있습니다. 예를 들어 1월, 8월경에 개최하는 이런 행사는 다 함께 업무 방식을 바꾸는 작업의 필수 코스가 될 수도 있습니다. 이런 행사는 조직의 사회문화적 핵심 요소이자 정기적 행사로 자리매김할 수도 있습니다.

요약

- 오픈스페이스 베타는 자기 조직화를 촉진하여 의사결정의 탈중심화와 팀 자율성을 만들어 냅니다.

- 오픈스페이스 베타는 상대적으로 단순 명료하지만 쉽지는 않습니다. 이는 조직의 큰 변화와 발전의 기회를 만들어 냅니다. 각 사이클은 오픈스페이스 행사를 통해 시작하고 마칩니다. 그 사이의 기간에는 다음 단계의 성장 사이클을 가능하게 하는 학습이 생겨납니다.

- 오픈스페이스 베타는 다양한 규모로 가능합니다. 규모는 현재 조직 구성원의 참여에 따라 자연스럽게 결정됩니다.

- 외부 컨설턴트에 대한 의존도는 크게 줄어들 것입니다. 미래의 조직에는 컨설턴트가 개입할 여지나 현실성이 적어집니다.

- 오픈스페이스 베타는 조직 전반에 걸쳐 높은 수준의 참여를 필요로 하고 동시에 가능하게 합니다. 이런 참여에 대한 적극적 의지는 베타 대전환의 성공에 꼭 필요한 요소입니다.

오픈스페이스 베타는 다음을 위해 개발되었습니다.

- 조직이 복잡한 시장 변화에 대응함과 동시에 구성원의 잠재력을 개발하고 충족 시켜 줍니다.

- 매우 빠르고, 효과적이고, 깊이 있고, 영속적인 베타 대전환을 가능하게 합니다.

- 조직 전체가 자발적으로 운영되는 활발한 베타 상태가 되도록 합니다.

- 외부 컨설턴트나 코치에 대한 의존도가 줄어들고, 조직의 자기 효능감이 증대됩 니다.

{ 지속적인 개인의 책임감, 자기 조직화, 자기 주도성을 경 험할 수 있습니다. 이런 경험이 오픈스페이스 베타의 챕 터 동안 일어나야 합니다. 이렇게 되면 조직이 베타 조직 모델을 유지할 수 있습니다. 영원히! }

오픈스페이스 베타에서의 역할

오픈스페이스 베타는 진정한 베타 대전환을 강화하고 안내하는 가벼운 패턴입니다.

오픈스페이스 베타에는 6개 역할이 있습니다. 이 역할은 누가 어떤 행동 권한을 갖는지에 대한 가이드를 제공하고, 자기 조직화를 가능하게 합니다. 오픈스페이스 베타에는 강제가 없습니다.

• **공식 권한 관리자**는 조직으로부터 명확한 권한을 부여 받습니다. 이들은 자신에게 공식 혹은 비공식적으로 보고를 하는 이들에게 공식 권한을 분배할 수도 있습니다. 오픈스페이스 베타 챕터의 스폰서 역할이 그 중 하나입니다.

• **인플루언서와 실력자**는 상호작용으로 일하는 팀이나 그룹으로부터 비공식적으로 권한을 부여 받습니다. 구성원들이 그들을 좋아할 때, 혹은 구성원들이 요청한 중요한 일을 기꺼이 책임지고 완수할 때 힘 있는 존재로 부상합니다.

• **팀**은 베타 패턴을 실행하면서 상호작용하는 참여자들로 이루어집니다.

- **MC**는 지금 현재의 위치를 재확인하고 가이드 합니다. 이 역할자는 조직에서 그 이상의 권한을 갖지는 않습니다.

- **코치**는 긍정적인 동기부여와 좋은 영향력, 행동 패턴이 무엇인지를 보여줍니다. 사람들의 요청이 있을 때는 방향설정에 대한 안내를 할 수도 있습니다. 하지만 누군가를 강요하거나 억지로 도움을 줄 권한은 없습니다.

- **이해 관계자** 또는 "확장된 이해 관계자"는 베타 원칙과 실행의 적용에 영향을 받는 외부인입니다. 이들은 창출된 가치의 수혜자가 되기도 합니다.

공식 권한 관리자

조직도, 직책, 직무는 조직 각 구성원의 공식적 위치, 권한, 책임을 규정합니다. 공식 권한 관리자는 공식적 구조에서 의사 결정권을 갖습니다. 계약, 인력, 공식 규정, 재무 등에 관한 법적 결정권을 갖습니다.

오픈스페이스 베타에서는 최소 1명의 공식권한 관리자 즉, 스폰서가 필요합니다. 이 스폰서는 OS1의 스폰서와 동일 인물입니다. 이 스폰서는 조직에서 실질적 힘(공식 권한)을 갖고 있어야 합니다. 스폰서는 첫번째와 두번째 오픈스페이스 미팅이 분명히 '자발적'인 것임을, 초대를 거절해도 불이익이 없음을 참가자들에게 명확히 할 수 있어야 합니다. 스폰서는 오픈스페이스 베타가 초대와 개인의 참여 의사에 기반함을 명확히 알려야 합니다.

공식권한이 있는 다른 '고위' 관리자도 오픈스페이스 베타에서 중요한 역할을 합니다. 일반적으로 OS1과 OS2의 방식에 대해 합의할 때 이들의 참여가 필요합니다. 스폰서와 다른 공식권한 관리자가 오픈스페이스 참여를 적극 독려하면, 비공식적 힘을 가진 인플루언서와 실력자는 점점 책임감을 갖게 되고, 베타 대전환도 빨라집니다. 스폰서는 베타 원칙 안에서 두번의 오픈스페이스 미팅 사이에 있는 '실행-전환-학습' 이 이뤄지도록 해야 합니다.

역동적인 90일의 기간 동안 알아야 할 중요한 것이 있습니다. 모두가 공식 권한을 가진 최고 관리자의 행동을 면밀하게 바라볼 것이라는 점입니다. 공식 관리자는 성과개선이라는 회사의 목적과 자신의 행동을 일치시켜가면서, 조직의 변화를 가속화 시킵니다.

{ 다른 상위 관리자와 스폰서는 언제나 오픈스페이스 베타 챕터의 책임을 집니다. }

인플루언서 &
실력자

위계적 힘으로 알려진 공식 권한 관리자의 힘은 분명합니다. 모두가 이것에 대해 잘 알고 있습니다. 그런데 **모든 조직에 존재하지만 명확히 보이지는 않는 힘도 있습니다. 인플루언서와 실력자입니다.**

- 인플루언서는 조직 구성원 간의 사회적 관계와 상호작용에 기반합니다. 이것을 영향력의 힘이라고 합니다. **이것은 사회적으로 연결된 힘이며, 비공식적 구조에서 나오는 힘입니다.**
- 실력자는 기술과 숙련도에 기반합니다. 가치 창출을 위한 새롭고 복잡한 문제해결을 해내는 개인의 능력입니다. **이를 평판의 힘이라고 합니다. 전문성을 가진 사람의 힘이며, 가치 창출 구조에서 나오는 힘입니다.**

비공식적 영향력이나 권한은 사람들이 여러 관계를 맺을 때 드러나며, 사람들이 의식적, 무의식적으로 수용하거나 거부하고, 드러내거나 요구합니다. 사람들이 누군가에게 '매력'을 느낄 때, 인플루언서가 탄생합니다.

숙련된 사람의 힘은 함께 일할 때 드러나며, 사람들이 의식적, 무의식적으로 수용하거나 거부하고, 드러내거나 요구합니다. 필요성을 입증하면, 사람들은 실력자가 되거나, 실력자를 돕거나, 동참하게 됩니다.

간단히 말해, 인플루언서와 실력자는 오픈스페이스 베타의 심장과 영혼입니다.

실력자의 힘은 실제로 업무를 할 때 최고의 아이디어를 도출하도록 돕습니다. 실력자는 숙련된 실력, 가치 창출에 대한 내재적 관심을 통해 아이디어를 내는 사람입니다.

높은 전문성과 기술, 그리고 숙련도가 있는 사람이 두각을 나타내지 못하는 경우도 있습니다. 하지만 그건 예외적 상황입니다. 명성에 대한 긍정적 이야기는 모든 조직에 존재합니다. 이는 암묵적으로 조직의 구성원들에게 알려집니다. 한 사람의 명성에 대한 정보는 어떤 형태의 조직에서나 공공연하게 알려진 비밀과도 같은 것입니다. 그리고 그런 지식은 조직의 활발한 가치창출과 성과에 큰 역할을 합니다. 위기 상황에서는 더 큰 빛을 발합니다. 보통 회사에서는 위기나 중요한 순간에도 조직의 가치 창출을 보장할 수 있을 것이라고 모두가 인정하는 사람이 있습니다. 베타 조직은 이에 관련한 지식을 최우선으로 여깁니다. 이들은 그 지식을 실질적 자원으로 바꿔냅니다.

오픈스페이스 베타에서 인플루언서는 '윤활유'와 같습니다. 이들은 조직 내에서 긍정적인 커뮤니케이션이 흐르도록 해줍니다. 이들은 긍정적인 이야기를 만들고 조직에 전파되게 합니다.

오픈스페이스와 오픈스페이스 베타는 인플루언서와 실력자가 새롭고 매력적인 역할을 찾아내 수행할 수 있도록 안전한 환경을 만들어 주는 게임 역학을 활용합니다. 두번의 오픈스페이스 미팅과 그 사이에 있는 90일의 '실행-전환-학습' 과정에서 조직의 모든 구성원은 새로운 커뮤니케이션과 업무 패턴을 실행해보고 새로운 행동을 학습할 수 있습니다.

이 과정이 새로운 아이디어, 새로운 경험, 조직 전반에 걸친 건설적 행동이 가능해지게 하는 공간을 만들어 줍니다. 이 공간에서 새로운 행동들이 점점 늘어날 수 있습니다.

{ 인플루언서와 실력자는 힘이 있습니다. 이는 각각 관계와 숙련도에서 나옵니다. 조직에서는 이 힘을 무시할 수 없습니다. }

팀

탈중심화의 원칙에 충실하면 조직 주변부의 팀은 모든 베타 적용의 첫 번째 집중 대상이 됩니다. 이로써 팀은 조직의 중심이 됩니다.

오픈스페이스 베타에서 팀은 90일 동안 베타 패턴을 실행합니다. 지속 성장하는 방향으로 행동을 맞추고 조정합니다.

팀 구성원은 3명에서 대략 10명 정도인데, 4~7명이 제일 좋을 것입니다. 이 팀은 스크럼Scrum, 칸반Kanban, 린Lean과 같은 특정 방법을 쓸 수도 있습니다. 변화와 학습의 실행 기간 중 먼저 나타나는 것은 학습입니다. 새로운 방식을 알아가는 단계임에도 종종 가치창출에 대한 압박이 있습니다. 그렇습니다. 팀은 학습하는 중에도 지속적 가치창출을 기대할 수 있습니다. 오픈스페이스 베타에서 팀은 실행, 변화, 학습 기간에 특정 방식을 의도적으로 선택합니다.

이런 의문이 들 수도 있습니다. "팀마다 다른 방식을 쓰면 모든 팀들을 어떻게 조율하지?"

답은 놀랍도록 간단합니다. 주기적으로 모든 팀과 관계자들을 OS에 불러모으는 것입니다. 중앙 통제는 필요 없습니다. 사람들이 열정과 책임, 온전한 참여 의식을 갖고 모이면 각자 실행한 후 알게 된 최고의 아이디어와 실행방식이 공유됩니다.

OS2에서 사람들은 팀 간의 조율을 위해 필요한 것을 알게 됩니다.

{ **90일에 걸친 실제 업무의 핵심은 팀에서 이뤄집니다. 팀은 아이디어를 만들거나 폐기하고, 가치를 창출하는 실행을 하게 됩니다.** }

MC Master of Ceremonies

MC는 오픈스페이스 베타의 통과의례에서 중요한 역할입니다. MC는 통과의례를 주재하고 "우리의 현 위치"에 대한 가이드를 제공합니다. 통과의례는 개인과 그룹을 "기존 상태"에서 다른 상태로 전환해주는 문화적 의식입니다. 이러한 전환은 종종 참가자를 매우 고민하게 합니다. 더 이상 "여기에" 있지도 않고 "거기에" 도착한 것도 아닙니다. 이런 애매한 전환 단계는 매우 혼란스러울 수 있습니다.

MC는 구조를 유지하면서 통과의례가 잘 실행되도록 돕습니다. MC는 전환기인 중립지대를 겪는 사람들을 위한 일종의 주심 역할입니다. 오픈스페이스 베타에서는 위원회나 그룹이 아닌 코치 중 한 사람이 통과의례 기간 동안 MC가 됩니다. 여기서 중요한 사실. 스폰서는 MC가 될 수 없습니다. 실질적으로 스폰서는 다른 이들처럼 통과의례의 참가자입니다.

오픈스페이스 베타에서 MC는 보통 조직 컨설턴트가 맡습니다. 오픈스페이스 베타 전문가(프랙티셔너) 같이 오픈스페이스 베타를 잘 알고 일정 수준의 경력이 있는 사람이어야 합니다.

MC는 오픈스페이스 베타 챕터를 통틀어 공식 권한 관리자, 회의록 담당자만을 코치해줍니다. 다른 관리자와 팀, 그룹은 코칭 하지 않습니다. MC는 전환기에 걸쳐 확신과 가이드를 제공합니다. 마치 오케스트라 지휘자와 같습니다. 직접 연주하지는 않지만 언제 분위기와 스타일이 변해야 하는지, 피아노를 포르테로 해야 하는지를 지시해 주는 것입니다.

{ MC는 신중함과 숙련도, 지혜를 갖고 행동해야 합니다. 현명한 가이드이자 격려자로 인식되어야 합니다. 마치 톨킨 소설의 간달프 처럼. "책임자"는 아니며, 강제하는 사람이나 조력자 역시 아닙니다. }

코치

코치는 훌륭한 퍼실리테이터와 상호작용 기술의 모범이 됩니다. 오픈스페이스 베타 코치는 사람들이 이 기술을 배우도록 초대합니다.

오픈스페이스 베타 코치는 통상적으로 특정 팀과 그룹을 코칭하며, 동시에 세 개 이상의 팀을 맡지 않습니다. 90일의 '실행-전환-학습' 기간 동안 코치는 퍼실리테이션과 가이드를 제공하며 다양한 사전, 사후 평가를 수행할 수도 있습니다. 이 평가의 목적은 진단과 측정이지 판단이나 선별이 아닙니다.

"http://www.betacodex.org/further-content" 의 자료를 참고하세요. 코치가 적절한 기간 동안 팀과 조직 현위치를 파악하고 다음 단계를 확인하는데 도움을 받을 수 있습니다.

코치는 사람들이 베타 원칙과 패턴을 학습하는 과정을 돕고 특정 방식으로의 실행을 지원하는 역할을 합니다.

베타 방식이 처음인 조직에서는 시작 단계에 강한 가속도를 붙이는 것이 중요합니다. 대부분의 경우, 코치 역할은 선택적으로만 활용합니다. 원칙적으로 코치는 의뢰한 조직에 '지속적으로' 또는 '영구적으로' 존재하는 것이 아니라는 것입니다. 코치는 매우 구체적인 개입을 하며, "경우에 따라" 존재합니다.

코치는 가능한 한 빨리 빠져 주는 것이 좋습니다. 예를 들어, 특정 사용법을 구성원에게 성공적으로 훈련시킨 후에는 며칠 동안 코치 없이 그들이 경험하도록 해주는 것이 매우 좋습니다. 그래야 팀은 90일이 지난 후 코치가 없는 상황을 대비할 수 있습니다.

{ 코치에 대한 궁극적 역할은 그룹과 팀이 성장하도록 돕는 것입니다. 그리고 코치에게 점점 의존하는 것이 아니라 점점 스스로 책임감을 갖게 하는 것입니다. }

임원진과의
관계

오픈스페이스 베타의 코치는 팀과 긴밀하게 일합니다. 본인이 동의한다면 공식 권한 관리자에게 베타 사고 방식에 관한 코칭을 제공하고, 스스로의 행동 패턴을 돌아보게 해야 합니다.

각각의 오픈스페이스 베타 코치는 전체 경영진의 지원 수준을 잘 살펴보아야 합니다. CEO나 다른 임원진이 적극 지원한다고 해서 경영진 모두가 동의하는 것은 아닙니다. 어떤 임원은 변화를 방해할 수도 있습니다. 베타는 조직 모두의 게임을 바꿉니다. 그 변화를 모두가 전적으로 편안하게 받아들이는 것은 아닙니다.

베타 방식을 지지하거나 의심하는 경영진 누구나 다음과 같은 실행 관련 코칭을 통해 도움을 얻을 수 있습니다.

- "우리 경영진은 베타 패턴과 방법으로 베타 원칙과 실행을 배우고 있습니다."
- "우리는 베타 방식의 성공을 위해 당신의 기술과 열정, 능력, 에너지를 필요로 합

니다."

- "직위에 관계없이 자유롭게 건의해주세요. 불이익은 없습니다. 우리는 OS 회의록에 있는 가장 중요한 안건부터 행동에 옮길 것입니다."

- "우리는 높은 수준의 조직 방향성과 의사결정, 결과에 대한 책임이 있습니다. 어떤 일은 실행할 자유가 있고, 다른 어떤 일은 승인이 필요할 수 있습니다. 어떤 제안의 경우 이번에는 실행되지 않을 수 있습니다."

- "우리는 놀랄 준비가 되어 있습니다. 놀라게 해주세요!"

> { 오픈스페이스 베타 코치는 팀과 관리자, 경영진에게 '원치 않는 도움'을 주지 않습니다. 코치는 베타 원칙과 실행 학습에 대해 강한 관심과 호기심이 있는 이들과 긴밀하게 일합니다. }

관계자

관계자는 베타 원칙과 실행의 도입으로 인해 조직 내적, 외적으로 영향을 받는 사람들입니다.

베타 원칙과 관련된 진짜 실행은 결국 조직 문화 전반에 영향을 줍니다. 조직의 모든 구성원은 오픈스페이스 베타 작업에 영향을 받기 때문에 유의미한 관계자가 됩니다.

따라서 OS 행사의 처음부터 끝까지 조직 구성원 전체를 초대하는 것은 매우 중요합니다. 오픈스페이스 베타는 여기에 영향을 받는 모든 사람들이 참여할 수 있도록 합니다. 조직은 베타든 어떤 대전환이든 그 어떤 것도 강제할 수 없습니다. 조직이 할 수 있는 것은 참여와 성장의 비옥한 환경을 조성하는 것입니다.

내부 관계자를 포함시키는 최고의 방법은 OS 행사에 참여하도록 초대하는 것입니다. 그다음의 일은 그들의 몫입니다.

이해관계자는 시장의 일부이기 때문에, 외부 이해관계자(소유주, 고객, 공급업체)는 풍부하고 건설적인 자극이 될 수 있습니다. 내부 의견과 상반되는 의견을 내놓기도 하지요. 그들의 참여가 없으면 조직은 성장의 중요한 기회를 놓칠 수도 있습니다.

{ 관계자의 피드백과 참여는 중요합니다. 그것을 얻는 최고의 방법은 진심 어린 초대입니다. }

Part 4

60일 : 기초
(무대 만들기!)

개념, 맥락, 할 일

오픈스페이스 베타에서 중요한 단계입니다. 이 단계에서 진지한 준비가 없으면, 이후에 얻는 것은 없습니다. 이 단계에서는 집중, 문제 인식, 적당히 진지한 소통 노력을 다룹니다.

개념

- 스폰서와 다른 공식 권한 관리자가 자기조직화와 베타 방식에 대한 기본적인 이해를 하는 것입니다.
- 참여를 높이기 위해 초대를 활용합니다.
- 첫 번째 OS를 준비합니다
- 게임 역학

맥락

- 스폰서와 다른 공식 권한 관리자는 베타 방식과 오픈스페이스 베타가 중요한 도전 문제 해결에 도움이 될 것을 확신합니다.
- 베타 방식은 일을 수행하는 다른 사고방식입니다. 조직의 일부는 변화를 두려워

하거나 반대할 수 있습니다.

- OST는 변화를 강제하지 않고도 변할 수 있게 합니다. 강요와는 완전히 다릅니다.

- 스폰서와 다른 관리자는 베타 방식의 실행에 대한 지원을 명확하게 해야 하고, 조직의 참여를 확실하게 승인해야 합니다.

할 일

- OS1의 주제를 다듬습니다.

- OS1초대장을 만들고 보냅니다.

- OS1을 개최하고 회의록 기반으로 실행합니다.

초대의 힘

오픈스페이스 베타는 초대의 힘에 기초합니다.

초대는 진실해야 합니다. 여기에는 두 가지 의미가 있습니다.

첫째, 초대된 모두는 소중하고 필요한 존재입니다.

둘째, 거절에 대한 부정적 결과는 없을 것입니다.

초대장에는 명확한 목표, 원칙, 행동 기준이 들어 있어야 합니다. 그래야 받는 이들이 정보에 근거해 참가여부를 결정 할 수 있습니다.

강제적이지 않는 진실한 초대장 발송은 타인에 대한 존중의 표시입니다. 사람에 대한 존중은 베타 린Lean, 애자일Agile 원칙의 기반 가치입니다.

초대장 발송은 개인에게 작은 의사결정권을 주는 것입니다. 선택적 불참에 대한 불이익이 없는 초대라면, 모든 구성원은 조직 발전의 스토리를 쓰는데 중요한 역할을 하게 되는 것입니다.

{ 일반적인 변화 경영과는 달리 오픈스페이스 베타는 비현실적 요소가 없는 개입 방법입니다. 오픈스페이스 베타는 잡음없이 조직력을 높여 줍니다. }

자율적인 참여

"열정이 없다면, 아무도 신경 쓰지 않습니다. 책임이 없다면, 아무 일도 되지 않습니다. 해리슨 오웬의 말입니다.

책임감과 참여의지를 갖고 OS1의 초대에 응한 이들은 베타 대전환의 진지한 작업에 있어 중요한 역할을 기꺼이 맡을 것입니다.

초대장을 보낸다는 것은 초대받은 이들이 스스로 책임감을 갖게 한다는 의미입니다. 조직의 구성원 스스로가 참여하고 싶어하는 그룹을 선택할 수 있게 해줍니다.

자발적 책임감, 자기 통제력, 소속감이 있으면, 모든 것이 계획대로 이뤄지지 않더라도 사람들은 지속적으로 참여합니다. 자발적 참여를 통해 조직의 모든 구성원은 스스로를 책임감 있다고 느끼게 됩니다. 스스로 참여하기로 한 결단의 힘, 진정한 초대를 수락 또는 거절하는 힘은 결코 평가절하할 수 없습니다.

조직의 시스템 변화 작업의 권한을 부여하는 이 초대에는 특정 주제, 숙고한 설계 작업, 공동 책임에 대한 관심사를 표현할 수 있는 기회가 포함되어 있습니다. 이 초대는 자연스럽게 조직 전반의 베타 대전환에 대한 참여도를 높여줍니다.

초대의 부수적 효과 중 하나는 참가의지를 밝힌 몇몇의 의사결정들이 베타 대전환에 대한 모두의 결단을 이끄는 이정표가 될 수 있다는 것입니다.

물론 스폰서는 스스로 초대를 받아들여 베타 대전환의 일부가 되겠다고 공식적으로 알리는 첫 인물이 될 것입니다.

{ **스스로 참여하기를 결정한 사람은 진정으로 함께 할 수 있습니다.** }

경영진의 준비

스폰서, 공식권한 관리자, 또는 고위 관리자는 베타 대전환이 조직에 어떤 의미가 될지에 대해 특히 잘 알고 준비해야 합니다.

오픈스페이스 베타의 사전, 진행, 사후 단계에 공식 권한 관리자는 기존의 패턴과 행동을 재고하고 크게 수정하고 개발해야 합니다. 베타 대전환에 있어 최고 관리자의 구체적인 준비가 필요한 것입니다. 내부적인 상호작용과 소통이 관리자의 핵심 업무이기 때문입니다. 이들은 조직 내에서 "커뮤니케이션 서비스 제공자"로서 최대한의 노력을 해야 합니다.

이 준비에는 다음이 포함됩니다.

- 베타 조직 모델 안에서 베타 원칙과 자기 조직화에 대한 이해 증진

- 명령, 지시, 강요와 대비되는 초대, 자율적인 참여의 차이에 대한 깊은 이해

- 오픈스페이스 미팅의 맥락 안에서 공식권한 관리자의 역할 이해

- 오픈스페이스 미팅 이전, 진행, 이후 각 단계에서 스토리의 기능과 역할 이해 (의도된 스토리텔링)

- 조직의 비공식적 네트워크 연결자인 인플루언서와 숙련도를 가진 실력자를 참

여시키는 방법을 배웁니다. 이를 통해 베타 대전환의 촉진을 위한 오픈스페이스 베타에 대한 이해도와 참여도를 높일 수 있습니다.

공식권한 관리자는 90일 동안 코칭 서비스를 요청하거나 받을 수 있음을 알고 있어야 합니다. 그리고 코칭은 관리자 요청이 있을 때 안정적으로 제공되어야 합니다. 이 단계에서 공식권한 관리자는 MC의 가이드와 조언을 받을 수도 있습니다.

{ 경영진은 오픈스페이스 베타에서의 익숙하지 않은 역할을 이해하고 수용해야 합니다. 그 자체가 할 일입니다. }

코치 역할의 시작

오픈스페이스 베타는 회사가 베타 원칙을 실행으로 옮기도록 돕기 위해 개발되었습니다. 여기서 핵심은 코치의 역할입니다. 오픈스페이스 베타에서 코치는 다음을 제공합니다.

- 베타 법칙, 원칙, 적용법을 가르칩니다.
- 특정 조직 개발 도구나 방식에 적용하도록 가이드 합니다. (셀 조직, 상대적 목표 설정, 복잡성미팅Compleximeeting, 동료 채용, 조직 위생) 그리고 각 조직, 팀의 맥락에서 특정 방식이 유용한 이유를 설명합니다.
- 개별 코칭, 워크샵, 퍼실리테이션, 멘토링, 그리고 다른 학습 형식을 제공합니다.
- 긍정적이고 건설적인 스토리텔링을 활용해서 구성원들과 상호작용하며 지원합니다.

오픈스페이스 베타를 위한 첫 OS 미팅을 하기 전, 임원들을 준비시키면서 코칭의 역할은 시작됩니다. 이후로 90일의 '실행 -전환 - 학습' 기간 동안 진행되고 OS2와 함께 종료됩니다. 이후로는 개인과 팀이 온전한 책임감을 갖고 지금까지 배운 것을 적용하도록 하기 위해 코치 역할이 중단되는 것입니다.

30일의 회고의 기간 이후에 코칭 지원을 다시 할 수도 있습니다. 필요에 따라 동일한, 또는 다른 코치가 지원합니다.

{ 오픈스페이스 베타에서 코칭 지원은 철저하게 일시적으로 진행됩니다. 코칭은 베타 패턴과 방식에 대한 노하우와 적용, 명확화, 동행이라는 방법으로 지원합니다. }

게임 역학

오픈스페이스 베타는 앞서 규정한 '좋은 게임'의 원칙을 따릅니다. 다시 말하자면 "좋은 게임"은 언제나 "좋은 게임 역학"을 갖고 있습니다. 여기에는 명확한 목표, 분명한 원칙, 진행을 훤히 볼 수 있는 시각 자료, 자발적 참여가 포함됩니다. 이 게임 메커니즘을 통해 모든 플레이어는 자신들이 왜 여기에 와 있는지, 게임이 어떻게 진행되는지, 자신들이 얼마나 잘하고 있는지를 알게 됩니다. 참가자들은 성공 스토리를 쓸 수도 있고, 함께 이룬 성공 스토리를 퍼뜨릴 수도 있습니다. 마치 스포츠 경기처럼 지금껏 해낸 것, "우리가" 더 노력해야 할 것을 전파하는 것입니다.

모든 강력한 게임은 다음의 특성이 있습니다.

목적 명확한 게임 목표는 게임의 목적에 대한 큰 틀을 잡아줍니다. 오픈스페이스 베타의 목적은 베타 패턴의 적용을 통해 성과를 비약적으로 개선하는 것입니다. 명확한 게임 목표는 "왜"라는 질문에 대한 답을 해줍니다. "왜 우리가 이 미팅에 참여하고 있지?", "왜 우리는 이걸 하고 있지?", "왜 우리는 저걸 하는거지?"

원칙 또는 '게임의 법칙' 명확한 원칙은 게임 목표 달성을 위해 어떤 행동이 가능하고 어떻게 참가자들이 서로 상호작용하면 좋은지를 알려줍니다. 게임의 법칙은 게임의 특성(예를 들어 경쟁, 협력 등)을 반영합니다. 일반적으로 받아들여지는 게임의 룰은 플레이어들 간에 소속감, 공동체 의식을 만들어 줍니다.

피드백 적절한 정량적 진척도표(창출된 고객가치, 시장 출시까지 소요기간, 지속가능 속도, 불량률, 비용/수입)는 성취의 느낌을 갖게 해줍니다. 유의미하고 가시적인 피드백을 통해 사람들은 본인의 행동을 수정해 나갑니다. 이를 통해 사람들은 게임에 승리하고, 숙련되는 경험을 통한 만족을 느끼게 됩니다.

또한 피드백은 조직 내 다른 팀에게도 받을 수 있습니다.

자율적인 참여 대부분의 사람들은 자기 삶에 일정한 주도권을 갖기 원합니다. 참여를 스스로 선택할 때 사람들은 강한 소속감을 느낍니다. 통제력과 소속감, 그리고 피드백은 참여와 강한 목적, 책임의식을 만들어 줍니다. 자율적인 참여는 필수입니다. 그것은 강요로 생겨나는 수동적 참여를 예방할 수 있는 가장 좋은 방법입니다.

살아있는 게임 시스템을 구축하는 법

참여와 책임감을 높이려면 미팅과 업무, 프로젝트, 계획에 게임 역학을 적용하세요. 강력한 게임은 최고의 결과를 만들어 냅니다. 핵심은 좋은 게임의 네 가지 요소의 관점에서 계획을 세우고 원칙을 명확하게 선언하는 것입니다. 예를 들면 이렇습니다.

목표는 이것입니다.

"○○에 대한 작업은 끝났습니다. 이제는 이 결과물을 기반으로 무엇을 할지 정해야 합니다."

원칙은 이렇습니다.

"회의석상에 있을 때는 논의에 적극 참여합니다. 누군가 나가야 한다면 언제든 나갈 수 있고, 제대로 참여할 수 있을 때 돌아오면 됩니다."

진행은 이렇게 설계할 것입니다.

"모두가 볼 수 있는 곳에 주제를 게시하고, 각 항목이 완료될 때마다 완료 표시를 합니다. 매 시간마다 10분씩 쉽니다."

당신을 초대합니다.

"우리 모두는 위의 목표와 원칙, 피드백에 동의할 수 있습니까?"

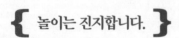
{ 놀이는 진지합니다. }

무대 만들기
(60일)

첫 OS 행사 준비는 60일, 베타 조직 형성에는 90일이 걸립니다. 베타 대전환의 시작으로 조직은 명확한 결단을 하는 것입니다. 성공에 대한 진정한 결단은 조직 전반의 적절한 준비와 교류에서 시작합니다.

- 첫 2주(약 15일)는 임원을 준비시키고 주제를 명확히 하고 초대장의 초안을 만들어 보냅니다.
- 이후 6주(45일) 동안은 OS1의 정보를 사람들이 자유롭게 교류하게 합니다.

이 시간은 200명 이상을 행사에 초대하는 전형적 조직에 권합니다. 작은 규모의 오픈스페이스 베타는 더 적은 준비 시간으로도 성공할 수 있습니다.

하지만 준비 과정은 매우 중요하기 때문에 통상 60일을 권합니다.

사전 작업의 하나는 OS 초대장을 만들어 보내는 것입니다. 변화 과정을 소개했다면, 영향을 받게 될 이들에게 "그게 무슨 의미인지"를 이해하고 생각할 시간을 주어야 합니다. 초대를 받은 이들이 초대를 검토하고 생각하고 친구들과 토의하고 탐색하고 참가를 결정할 수 있는 충분한 시간을 주어야 합니다. 그렇게 해야 베타 대전환의 스토리를 실현하고 써 내려갈 수 있습니다.

{ 초대의 수락에는 늘 시간이 걸린다는 것을 염두에 두세요. 초대 수락은 즉흥적 이어서는 안 됩니다. }

주제 다듬기

각 OS 행사는 주제가 있어야 합니다.
주제는 OS 경험의 틀이 되어줍니다.
상위 주제를 다룹니다.

경영진의 비전, 방향성, 조직 구성원의 창의적 의견을 듣고자 하는 마음
이 상위 주제에 해당됩니다. 잘 만든 주제는 참가자들이 변화 이야기를 써
나가는데 참여하고 싶어지도록 동기부여를 해줍니다.

주제는 스폰서 자신이 직접 표현해야 합니다! 믿을 수 있는 동료 들과의
대화 및 교류는 주제를 구체화하고 잘 표현하는데 도움이 됩니다. 물론,
스폰서는 이 주제를 발전시키기 위해 MC의 지원도 받게 됩니다.

주제는 항상 질문으로 되어 있습니다. 예를 들어
  "자기 조직화된 팀을 어떻게 만들 것인가?"
  "지금 베타방식이 필요한 이유는 무엇인가?"

"경쟁에 승리하기 위해 무엇을 해야 하는가?"

주제는 다양한 세부 주제가 나올 수 있도록 폭이 넓어야 하며, 명확한 방향을 제시하는 구체성도 있어야 합니다.

주제 진술문에는 다음 내용이 단어나 톤으로 드러나야 합니다.

이미 알려져 있는 것 ("왜 행동해야 하는가?")

알지 못하는 것 ("어떻게 최고 수준으로 실천할까?")

새롭게 등장한 것 ("무엇을 해야 하는가?")

{ 첫 OS의 테마는 항상 열린 질문으로 다듬어야 합니다. }

초대장 초안과 발송

사람들은 자신이 관심과 열정을 가진 세부주제를 토의하기 위해 OS에 모입니다. 행사의 초대장을 만들고 보낼 책임이 있습니다.

주제는 이제 다듬어서 확정했습니다. 주제를 다듬는 회의 과정에서 스토리가 만들어졌습니다. 조직의 각 부문에서 참여했다면 미팅에 대한 긍정적이고 협력적인 신호는 조직 전반에 퍼집니다.

초대는 주제에 대해 약간 더 세부적인 사항을 전달합니다. 초대는 "베타 대전환의 스토리를 함께 쓸" 선택적 기회입니다.

초대는 단정적이지 않은 방식이어야 합니다. 가장 좋은 초대장은 수 많은 세부 항목을 배제한 것입니다. 적은 것이 더 많은 것입니다. 목표는 사람들이 자율적으로 참여해서 스토리를 쓰도록 동기부여를 하는 것입니다. 초대는 다음과 같아야 합니다.

- 이 행사는 스폰서와 조직에게도 중요하다는 것을 전달합니다.
- 사람들이 참여할 마음이 들 정도의 주제와 OS 포맷에 대한 정보를 제공합니다.

- 행사 개최일을 말해줍니다.

- 초대에 응답할 충분한 시간을 줍니다.

- 참여는 100% 스스로 선택하는 것임을 명확히 합니다.

모든 OS 미팅은 진정한 초대에 기반합니다. 억지로 참여하는 사람이 없어야 한다는 뜻입니다. 거절한 사람에 대한 실질적 또는 잠재적 불이익이 있으면 안 됩니다.

스폰서가 초대장을 쓸 때 OS와 오픈스페이스 베타를 알고 이해하는 MC의 도움이 있으면 좋습니다. MC는 예시를 제공하고 스폰서가 그것을 자신의 언어로 쓰도록 할 수 있습니다.

어떤 상황이든 스폰서가 초대장을 보내야 합니다. 이는 행사가 중요하다는 신호이며, 이 초대에 대한 책임을 "아랫사람에게 위임"해서는 안 됩니다.

응답에 대한 충분한 시간을 주는 것이 좋습니다. 초대받은 사람은 초대를 신중하게 생각할 시간이 필요합니다. 초대받은 대부분은 OS가 생소할 수 있고, 처음에는 망설일 수 있습니다. 다가 올 행사에 대해 이야기하고, 주제와 참여 여부에 대해 생각 할 충분한 기간을 허용해야 합니다.

실제 초대에 덧붙여, 디지털과 아날로그 등 다양한 미디어 자료를 만들어

배포하는 것도 중요합니다. 예를 들어 작은 안내자료를 만들어 출입구나 로비 같은 공용공간에 배치하는 것입니다. 스폰서는 안내자료의 제작과 배포 작업을 위임할 수 있습니다. 다만 초대장과 안내자료를 바탕으로 행사에 대해 구성원들이 서로 이야기를 나누도록 해야 합니다.

{ 초대장을 '누가' 보냈는지가 그 중요도와 무게감을 결정합니다. }

초대 내용의 교류
(45일)

주제 다듬기는 완료되었습니다. 그리고 스폰서는 첫 OS 회의에 대한 초대를 만들어 보냈습니다.

이제 남은 45일 동안은 다음과 같은 준비가 이어집니다.

- 적절한 위치에 안내 전단을 배포, 게시합니다.
- 과거의 조직 학습과 다가오는 OS1에서 있을 더 많은 학습 가능성에 대한 스토리 텔링에 참여합니다.
- 참여는 100% 선택적임을 한 번 더 강조합니다.
- 초대와 그 의미에 대해서 구성원들의 이야기를 듣습니다.

45일은 구성원 모두가 OS미팅 초대에 대해 생각하고 소화할 충분한 시간이 되어야 합니다. 사람들이 어떻게 응답할지를 생각할 시간이 필요합니다. 여기에는 조직 내의 동료 또는 불편한 사람들과 초대에 대해 이야기하는 것이 포함됩니다.

45일의 기간이 꼭 지켜야 하는 엄격한 원칙은 아닙니다.

보통 많은 사람을 초대할수록 시간은 더 걸립니다.

{ 베타 조직의 힘과 회복 탄력성은 조직이 감당할 수 있는 사회적 역동에 의해 좌우됩니다. 45일동안 이러한 베타 방식의 역동이 처음 일어나고, 구성원들은 그것을 경험하게 됩니다. }

Part5

OS1 : 시작

(준비!)

개념, 맥락,
할 일

개념

- OS1은 베타 대전환의 신호가 되는 행사입니다. 이 단계에 오기까지 여러 일들이 있었지만, 이 행사가 공식적인 시작이라고 하면 사람들은 "이 앞 단계에서는 별다른 일이 없었구나" 생각할 수 있습니다.

  하지만 사람들이 이 모임을 경험하면서 여러 중요한 일들이 생깁니다.

- 우선 참가자는 OS가 어떻게 작동하는지를 배웁니다. 그리고 베타 적용에 대해 팀과 경영진, 관리자, 관계자 등 여러 사람들의 다양한 관점을 경험합니다.

맥락

- 60일의 준비기간은 끝났습니다. 주제와 초대장을 만들어 배포했고 조직 전반에서 관련한 교류들이 있었습니다. 그리고 첫 OS 회의가 왔습니다.

- **많은 참가자들에게 OS는 새로운 경험입니다.** 모든 조직에 걸친 열린 경험은 중요한 경험이기도 합니다.

할일

- 경영진은 OS 원칙을 준수하며 회의록에 기반한 행동을 실천합니다.

- OS1동안 참가자들은 주제와 관련한 중요한 관점을 인식하고 토의합니다. 그리고 이후 90일 동안 어떻게 베타 방식을 실험할 지도 논의합니다. OS2 일정도 이미 잡혀 있음을 인지합니다.

- 이렇게 하면 사람들은 불신을 일단 접어두고, 시범적으로 실행하고 성공사례를 찾습니다. 이 기간 동안은 베타 방식이 작동한다는 가정하에 행동할 수 있습니다. 강요는 필요치 않습니다.

1일차.
자율적인 참여 미팅:
하루 종일

첫 OS 미팅에는 중요한 특징 두가지가 있습니다.

- 완전히 자발적 선택에 의한 참여여야 합니다. 불참을 해도 전혀 문제되지 않는다
  는 것입니다.
- 하루를 넘기지 않는 것이 좋습니다.

OS는 많은 참가자들에게 있어 첫 경험입니다. 베타 원칙과 법칙에 익숙하지 않을 수도 있습니다. 따라서 조직이 학습을 통합하고, 첫 OS 미팅을 경험 하기까지 시간이 걸릴 수 있습니다. 이 행사는 단순하면서도 "실행-전환-학습'이 빠르게 시작되게 하는 하루라는 충분한 시간이 필요합니다.

베타 방식은 조직 전체 사람들의 기분을 좋게 만들수도, 나쁘게 만들 수도 있습니다. 또 사람들을 참여하게 하거나 반대로 겉돌게 만들기도 합니다. OS로의 초대는 이런 관점을 조직에 퍼뜨리는 하나의 방법입니다. 초대받은 이들은 베타 방식의 적용을 망설일 수도 있습니다. 또는 "일단 지켜보자"는 식의 태도로 그냥 참고 지켜보고 있을 수도 있습니다. 반면 어

떤 이들은 강력한 지지자일 수 있습니다.

참가자는 자발적으로 선택한 사람이어야 합니다. 어떤 종류의 압력도 있어서는 안 됩니다. 참여를 원치 않는 사람들은 제약 없이 선택적으로 나갈 기회가 있어야 합니다.

초대장에 적힌 회의 주제를 열정적으로 탐구할 다양한 직위와 관점을 가진 사람들을 포함시키는 것이 가장 좋습니다.

90일의 '실행-전환-학습' 이후에 있을 OS2에 대한 공지도 첫 OS 행사에서 합니다.

{ OS의 자발적 특성을 통해 호기심, 개방성, 신뢰도가 증대 됩니다. }

OS1 회의록

회의록은 OS의 스토리를 말해주며 조직이 변화 스토리를 시작하게 해줍니다.

회의록은 다음의 역할을 합니다.

- 모든 조직이 진행한 각각의 토의내용을 공유합니다.

- 중요 이슈와 관련 실행사항을 문서화합니다.

- 인플루언서가 등장할 여지를 만듭니다. 인플루언서가 베타 방식과 높은 성과로

  의 성장 스토리를 쓰는 적극적인 역할을 하게 됩니다.

- 스폰서가 회의록의 권고 내용대로 실천할 수 있도록 합니다.

각 컨비너는 논의 결과를 조직 전체 구성원과 공유할 수 있게 해주는 이

회의록을 세션 참가자들이 작성하도록 요청합니다.

- 회의록은 손글씨, 타이핑, 도표, 그림, 참가자 목록 등을 포함합니다.

- 세션이 끝나면 곧바로 공유하겠다고 사전 동의한 사람들이 내용을 취합합니다.

  (한 명 또는 여러 명 일 수도 있습니다.)

- OS1 종료 후 24시간 내로 디지털 방식으로 모두에게 공유합니다.

어떤 컨비너는 지속적 개선 과정의 인플루언서가 되기도 합니다. OS1은 새로운 스토리 작성을 위한 초대이기 때문에, 컨비너는 많은 도움 없이 세션 보고서를 써야 합니다. 보고서에는 권고사항과 참가자 목록이 있어야 한다는 약간의 방향성 제시가 도움이 될 수 있습니다. 참가자 목록은 특정 이슈를 기꺼이 도울 사람, 인플루언서를 알아내는데 도움이 됩니다.

OS1의 퍼실리테이터는 컨비너와 참가자가 행사 기간 내에 회의 결과물을 회의록으로 만들어 낼 수 있도록 지원해야 합니다. 여기에는 노트북이나 카메라 같은 기록 도구, 활용 공간, 도움을 줄 인원 등이 포함됩니다.

모든 참가자들에게 회의록을 적시에 배포하는 것은 OS, 오픈스페이스 베타에서 특히 중요한 요소입니다. 퍼실리테이터는 행사 마무리 직후, 이상적으로는 몇 시간 내에 회의록이 마무리되도록 준비합니다. 배포 될 회의록에는 조직이 최대한 빠른 시일 내에 회의록의 주요 이슈를 행동에 옮길 거라는 스폰서의 확인 메시지가 포함되어야 합니다.

여기서 스폰서에게 권하는 접근법은 회의록을 검토하고, 다음의 항목을 인식, 토의, 행동하는데 관심 있을 만한 사람들을 불러모으는 것입니다.

- 회의록에 반영된 가장 중요한 관심사

- 추가적 승인 없이 실행 가능한 회의록의 제안사항

- 스폰서의 추가 승인이 필요한 최고의 제안 및 승인 받는 방법

- 스폰서의 권한 밖에 있는 권고 사항

{ 회의록은 첫 OS 이후 조직 시스템과 가치창출에 관한 작업을 하는데 있어 포괄적이고 단단한 기틀이 됩니다. }

2일차.
준비일 : 정해진 기한이
있는 대전환 준비하기

회의록 배포 직후의 준비일은 앞으로 있을 90일간의 "체계적인 베타 방식으로의 전환"에 필요한 기반을 만드는 시점입니다.

　일반적으로 조직에는 이에 관련한 기반이 없습니다. 따라서 준비일을 통해 사전 인식, 준비, 학습을 해 두어야 합니다. 준비일을 통해 스폰서와 공식 권한 관리자는 투명하고 공식적인 변화 기반을 만들 수 있습니다. 스폰서와 공식 권한 관리자가 준비 과정을 만들었다고 해서 "실제 전환하는 작업"에 대한 책임이 없어지는 것은 아닙니다.

　준비일에 대한 참여는 스폰서를 제외하고는 모두 100% 자발적입니다. MC는 이 날의 퍼실리테이션을 해야 하고, OS의 네 가지 원칙이 적용되어야 합니다. 더 큰 조직에서는 10명 이상의 그룹이 준비일 작업을 해야 합니다. 이 그룹은 위원회, 운영 그룹Steering group, TFTask Force와는 다릅니다. 해당일 내에 논의하고 소화하고 90일 동안 스폰서와 공식 권한 관리자, 인플루언서, 실력자들이 일하도록 해야 합니다.

준비일은 회의록을 완전히 정독한 후 시작합니다. 이후에 실행을 위해 내용을 리뷰하고, 분류하고, 우선순위를 정합니다.

준비일에 필요한 질문과 토의 항목이 있습니다.

- 시스템에 대한 전환 및 의도적 개입에 대한 제안은 무엇인가?

- 회의록의 메시지 중 불분명한 것은 무엇인가?

- 즉각적 반발이 있을 이슈는 무엇인가?

- 전환 과정에서의 상호의존적 요소는 무엇인가? 무엇이 우선시 되어야 하는가?

- 누가 할 수 있을까? 누가 전환을 해야 하는가?

- 필요한 자원은? 전환 작업에 필요한 자원을 어떻게 확보할까?

- 효과적 완수를 위해 준비 시간과 노력에 대한 평가가 필요한가?

- 90일 간의 기한이 있는 이 작업을 어떻게 투명하게 보여줄까? (예: 시각적 상황판)

- 어떤 추가적인 커뮤니케이션이 적절하거나 필요할까?

- 90일의 '실행-전환-학습'을 가속화하기 위해 추가적으로 필요한 방법과 개입은

  무엇인가?

{ 준비일은 OS1이후의 행동을 가속화하고, 90일간에 필요한 "변화 기반"을 만들어 줍니다. }

Part6

90일:
실행-전환-학습
(실행!)

개념, 맥락, 할 일

이 단계는 베타 원칙에 맞춰 체계적으로 구조를 바꾸는 것입니다. 또한 팀과 조직 차원에서 베타 방식의 유산과 패턴을 만드는 체계적 실행 과정입니다. 여기에는 통찰-반영-지속적 성장을 가속화하고 심화하는 학습 설계learning architecture가 기반이 되어야 합니다.

개념

- 팀과 조직을 베타코덱스의 법칙과 원칙에 맞게 조정
- 가치창출 또는 가치 흐름을 시스템적으로 강화
- 시스템적이고 의도적인 개입(전환)
- 베타 패턴의 실행을 통한 가속화 된 학습
- 의도된 스토리텔링

맥락

- OS1에서 논의가 필요한 다양한 영역이 드러남
- 스폰서는 빠르게 회의록 작업을 하고, 팀이 베타 패턴과 복잡계 기반 도구

complexitools를 활용한 실행을 하도록 승인함.

- 관리자와 팀은 새로운 베타방식 업무에 대해 코칭, 격려, 확신을 필요로 함

- 실험이 어떤 결과를 만들지는 아무도 모름

할일

- 베타코덱스와 결이 맞게 실행되는를 확인

- 새로운 원칙이 팀 업무의 개선을 돕는지를 알 수 있도록 충분한 기간동안 체계적 실천을 할 수 있게 함.

- 팀이 자기조직화되면서 인플루언서와 실력자가 더 생겨나고, 더욱 팀처럼 행동 하는 법을 배우도록 함

실행-전환-학습
(90일)

90일 또는 13주는 오픈스페이스 베타의 베타 패턴 실행에서 명목적으로 제시하는 기간입니다.

90일의 기간은 조직 전체가 경험하고 이해하는데 충분한 시간입니다. 잘 관리한다면, 더 적은 시간으로도 가능합니다. 베타 방식 적용을 충분히 잘 소통하고 잘 구축한다면 60일도 충분할 수 있습니다.

90일의 실행-전환-학습은 OS1, OS2 사이의 기간입니다. 90일간 경영진은 베타 패턴의 실행을 격려하고 의도된 스토리텔링 작업을 합니다. 베타 패턴은 베타코덱스의 12가지 원칙 또는 법칙에 위배되지 않는 모든 실행을 말합니다.

경영자와 관리자, 팀은 불신을 접어두고 베타 패턴이 작동한다는 가정하에 행동하고 학습합니다.

이 새로운 학습은 OS2에 반영됩니다. 모든 것을 관찰하며 베타 대전환에 대해 원하고 생각하는 것들을 표현하도록 격려합니다. 이렇게 함으로서 OS의 자유롭고 열린 정신이 90일의 학습을 포함한 이전, 이후의 미팅을 통해 확장됩니다.

이상적으로 보면 당신의 오픈스페이스 베타 작업은 "90일의 열린 공간"을 유지하는데 충분한 조건을 만들어냅니다.

{ 숙련은 원칙 중심의 실행에서 나옵니다. 이는 깊고, 체계적이며, 반복된 실행에서 나옵니다. 이와 동시에 조직도 발전합니다. }

가치 창출의
강화

오픈스페이스 베타와 베타 방식이 조직의 성과와 가치 창출에 기여하기 위해서는 90일 동안 가치 창출이 쉽게 이뤄지는 흐름이 만들어지게 해야합니다.

팀 성과의 방해물과 낭비 요소를 제거하기 위해서는 더욱 효과적인 실행과 패턴이 종합적으로 개발되어야 합니다. 이렇게 개발된 도구를 우리는 '복잡계 기반 도구' 라고 합니다. '복잡계 기반 도구'는 인간과 뗄 수 없는 조직 방법론입니다. **'복잡계 기반 도구'는 살아 있으며 해결해야 하는 문제 만큼이나 복잡성을 갖고 있습니다.**

다음은 조직 구조를 바꾸는데 필요한 5가지 집중 영역입니다. 90일의 첫 오픈스페이스 베타 챕터 중 자주 등장할 것입니다. 이는 가치창출 또는 조직의 효과성을 강화하기 위한 것입니다.

여기 제시한 주제는 '완결'될 수는 없지만 경영자와 관리자, 팀이 큰 효과가 있는 조직 변화 작업에 집중할 수 있게 해줍니다.

- **조직 위생 확보** 성과와 건설적 변화에 방해가 되는 것을 제거합니다. 베타 패턴을 막고 성과를 저해하는 불필요한 도구와 실효성 없는 방식을 없앱니다.

- **투명도 높이기** 재무제표를 누구나 볼 수 있게 개방하고, 실질적인 정보를 공개합니다. 실질적인 정보가 왜곡 또는 악용되지 않도록 "특별 보고"나 개별 목표 등을 없앱니다.

- **셀 조직 자유화** 기능적 부서를 축소 또는 폐지하고, 더 작은 기업단위로 기능을 통합하세요. 실무인 주변부가 우선이고 그 다음이 중심부입니다. 탈 중심적 의사 결정이 되도록 팀의 구성과 전체 구조를 돌아보세요. 가치 창출의 값어치를 매기는 내부 시장을 만드세요. 주변부가 수익을 보유하고 있다가 중심부 서비스에 비용을 지불하게 하세요. 팀의 자원 사용 권한을 높이세요.

- **상대 평가와 팀 보고 도입** 계획, 예측 데이터와 고정적 목표가 담긴 보고 체계에서 벗어나세요. 팀 차원에서 트렌드를 반영한 측정과 보고 체계를 만들고, 팀 단위 이하의 개인 평가를 없애세요. 팀이 필요에 따라 자발적으로 추가 성과 지표를 만들게 하세요.

- **팀워크 과정 도입, 강화** 팀의 필요에 맞게 업무 방식(린, 애자일, 스크럼, 카이젠)을 도입하세요. 필요하면 팀에 코치를 둡니다. 코치는 베타 방식 실행과 적용의 가속화를 돕습니다. 팀 내 발생한 갈등을 해결하는데 도움을 줄 수도 있습니다. 필요하다면 팀 고유의 업무 방식과 제도를 만드세요.

조직 역학, 탈중심화, 팀 자율성에 관해서는 Part1을 참고하세요.

이 과정에서 자연스럽게 베타 방식의 개념과 그 장애물에
대한 많은 것을 알게 됩니다. 이제 할 일은 깨달음을 행동
으로 옮기는 것입니다.

정해진 기한이 있는 전환

90일의 전환기 동안 전체 조직 차원의 구조를 바꿉니다. 이 기간에 가치창출을 강화하고 성과의 장애물을 제거하고 낭비를 제거합니다. 이것이 기한이 있는 전환 Time-boxed Flipping **입니다.**

시간은 경험의 틀을 짜는 경계선이 되어 줍니다. 시간이 정해져 있다고 생각하면, 사람들은 의심을 잠시 뒤로하고 새로운 개념들이 작동한다는 가정하에 행동해 볼 수 있습니다. 이것은 목표를 달성하게 하는 촉매제 역할도 합니다. 그러므로 조직 체계에 관한 전환, 개입 작업은 시간 제한과 시각화가 필요합니다.

오픈스페이스 베타는 조직이 베타 방식을 도입하고 빠르게 변화하게 하고, 팀이 베타 업무 방식에 지속적으로 적응할 수 있게 해줍니다. 두 번의 OS행사 사이에 있는 90일 동안은 '실행-전환-학습'을 독려합니다. 궁극적으로 추구하는 최종 목표는 예측 가능하고 안정적인 가치를 창출하는 것입니다. 그것은 베타 방식과 패턴의 실행, 학습, 적용에서 시작합니다.

이 모든 활동에는 시간을 설정하여 참여자들에게 명확한 시작, 중간, 종료 단계를 제공하도록 합니다.

OS1, OS2 사이의 권장 기간은 90일입니다. **관리의 핵심 요소는 다음 OS 행사에 관한 소통입니다.** 조직이 베타 패턴을 실행하고 나면, 그 실행 결과를 OS2에서 주의 깊게 살펴볼 것이라는 점을 지속적으로 소통하는 것이 중요합니다. 실질적으로 모두가 OS2의 정확한 날짜를 알아야 합니다. 이는 공식 권한 관리자(경영진)가 OS2 일정을 미리 정해 구성원들과 자주 소통해야 한다는 뜻이기도 합니다.

조직 위생

모든 복잡계 기반 도구는 '실행-전환-학습' 과정에서 각각의 역할을 합니다. 특히, 조직 위생은 90일 동안 중요한 역할을 합니다. 우리는 종종 새로운 것이 조직에서 잘 버티지 못한다는 사실을 간과합니다. 기존의 방식과 관습, 패턴이 남아 있기 때문에 충돌이 일어납니다. 조직에서 가시적인 발전을 만들려면 내부의 걸림돌을 제거해야 합니다. 여기서 걸림돌은 관습, 도구, 패턴입니다. 절대로 사람, 개인이 아닙니다.

일반적 믿음과는 달리 **완전히 새로운 것을 만들고 도입하는 것보다는 기존의 도구와 원칙, 패턴을 제거하는 것이 더 쉽습니다.** 알파 방식을 대표하는 도구, 원칙, 역할을 제거하여 조직과 팀은 "걸림돌을 제거" 하면서 성과를 낼 수 있습니다. 아울러 추가적인 참여와 자율성이 확장되고 주변부 팀으로의 의사결정 탈중심화가 가능해집니다.

　　조직의 시스템을 바꾸는 다른 작업들과 마찬가지로, 조직 위생에 대한 작업은 '실행-전환-학습'의 흐름 안에서 정해진 기한을 두고 시각적이면서 투명하게 진행되어야 합니다. 의도된 스토리텔링은 조직 위생의 힘을 강화하는 역할을 합니다. 시간 제한이 있는 전환 작업은 90일간의 대전환작업에 대해 통제되고 있다는 느낌을 제공해줍니다.

2인 미팅Tandem meetings

자기조직화 기반의 상호작용은 열린 공간을 유지해 주고, 의도된 스토리텔링을 돕고 전환과정이 전파되게 합니다. 오픈스페이스 베타에서 2인 미팅은 OS1 주제에 관해 90분 동안 이뤄지는 대화 세션입니다. 두 명의 실질적 권한 소유자가 진행하고, 최대 12명의 다양한 사람들을 대상으로 합니다. 참여는 자발적이어야 합니다. 2인 미팅의 주관은 회의마다 달라질 수 있습니다. 사전에 의사결정이나 프레젠테이션, 주제를 제공하지 않습니다. 2인 미팅은 최대 90분 내에 마칩니다. 90일 동안 최대한 많은 2인 미팅을 합니다.

> { 베타방식의 조직 개발이라는 시스템적 전환은 비공개로 진행할 수 없습니다. 언제나 적극적으로 교류하고 명확하게 알 수 있어야 합니다. }

학습 가속

학습은 이전에는 몰랐던 새로운 세계로 우리를 안내합니다. 그 과정에서 개인은 일시적으로 좌절을 경험할 수 있습니다. 이렇게 말하는 사람도 있습니다. "배우는 자는 주기적으로 자신의 어리석음을 느낀다." 하지만 조직차원의 학습은 혁신을 촉진하기도 합니다. 최근에 높은 조직 학습력이 기업의 경쟁 우위를 결정 짓는 요소 중 하나로 작용하는 이유입니다. 늘어나는 복잡성과 기술의 진보를 볼 때, 집단 지성, 개인과 팀의 모든 잠재력을 최대한으로 활용하는 것이 핵심이 되었습니다. 그래야만 조직은 공동의 목적을 달성할 수 있습니다.

조직에 대한 높은 수준의 헌신과 팀 내, 팀 간의 사회적 밀도가 있으면, 개인보다는 팀이 만들어 내는 해결책이 질적으로 더 나을 것입니다.

알파 조직에서는 학습과 업무가 보통 분리됩니다. 명령과 통제 체계에서는 어쩔 수 없는 것이기도 합니다. 알파 방식 조직의 비극적 부작용입니다. 반면, 베타 조직과 오픈스페이스 베타에서의 조직 학습은 가급적 사회적, 비공식적, 자기 조직적이어야 합니다. 개인, 팀, 조직 차원에서 사회적, 비공식적, 자기 조직적 학습을 지원하는 선택과 접근법은 많이 있습니다.

- **코치** 오픈스페이스 베타에서 코치는 학습과 실행의 가속을 위한 '복잡계 기반 도구'로 일을 합니다. 코치는 첫 시작 60일에서 OS2의 종료시점인 한정된 기간 동안 활동합니다. 팀은 코치의 지원을 이끌어내야 합니다.

- **학습 집단** 학습 집단은 팀이나 4~6명의 그룹이 자기 조직화 기반의 학습을 통해 효율을 창출합니다. 여기에는 강의실, 훈련, 세미나, 교수자, 온라인 학습의 지루함이 없습니다. 학습은 학습자가 주도하며, 조직 전체에 빠르게 확산됩니다. 학습자가 적으면 학습 집단이 되고, 학습자가 많아지면 OS가 됩니다.

- **자문 기반의 개별 의사결정** 90일 동안에는 공식 권한 관리자나 개별 인플루언서나 실력자가 의사결정을 할 기회가 있습니다. 이들은 문제에 관련된 사람들에게 사전에 자문을 받고, 개인 또는 전체를 위한 의사결정을 할 수 있습니다.

- **지식 컨퍼런스** 실력자의 모임, 다양한 팀, 혹은 조직 여기저기에 흩어져 있을 수 있는 실행 집단Communities of practice의 모임입니다. 지식 컨퍼런스는 90일 동안 조직 내 상호교류를 위해 개최합니다. 여러 팀의 집합 모임이 될 수도 있습니다. 지식 컨퍼런스는 고도로 자기 조직화되어 있어야 하고, OS 포맷을 활용할 수도 있습니다.

통념과 달리 베타 조직에서 여행과 출장비용은 크지 않습니다. 베타 조직에서는 대면소통, 개인적 만남이 힘을 발휘합니다. 문제 해결과 장애물 해소에 있어서는 더욱 그렇습니다. 사회적 교류를 강화하는 데에는 대면 소통이 제일 좋습니다. 대면 소통은 이메일, 채팅창, 문서형태의 교류로 이뤄지지 않던 것을 해결합니다. 덧붙이자면, 3명 이상의 컨퍼런스 콜, 전화회의는 사회적 밀도를 떨어뜨립니다. 베타 조직에서 면대면 대화, 또는 직접 대화를 위한 전화 통화는 문화권에 상관없이 매우 중요합니다.

{ 오픈스페이스 베타의 학습은 언제나 동일하게 개인, 팀, 조직 전체를 향합니다. }

베타 팀
패턴 실행

오픈스페이스 베타에서 팀은 업무 완수를 위해 베타 패턴의 실행 권한을 부여 받고 가장 최적의 도구와 방법을 선택합니다. 팀이 자신들에게 맞게 방법을 적용할 수 있다는 뜻입니다. 이 과정에서의 유일한 규칙은 베타코덱스입니다. 팀은 베타코덱스의 12가지 원칙을 듣고 앞으로의 실행이 이 코덱스(원칙)와 일치되도록 업무를 하게 됩니다. 이 원칙을 마음에 새기고, 고도로 숙련된 방식으로 이를 실행하게 되는 것입니다.

오픈스페이스 베타의 핵심 특성은 관련된 모든 이들의 지속적 학습과 조직 구성원 모두의 높은 참여도입니다. 베타 패턴의 실행으로 개인과 팀은 즉각적으로 학습 경험을 하게 됩니다. 그 이유는 다음과 같습니다.

- 명확한 원칙을 바탕으로 합니다. (베타코덱스의 12가지 원칙)
- 스폰서와 공식권한 관리자의 승인을 얻습니다.
- 코치의 퍼실리테이션과 여러 지원을 받습니다.
- 의도된 스토리텔링을 통해 기념합니다.

- 90일의 기간을 정해 놓고 '실행-전환-학습'을 합니다.

- 현재 진행중인 프로젝트와 가치 창출의 맥락에 맞춰 적용합니다.

- 두번째 오픈스페이스 미팅에서 돌아보고 수정할 수 있습니다.

전환된 시스템에서 원칙에 따른 팀 실행이 학습을 촉진합니다.

팀은 현 상황과 환경에 대해 의문을 던지고, 지속적 학습을 추구하는 기업가 정신 기반의 성과중심 조직의 구성원으로 스스로를 인식합니다. 또 적절한 조직 차원의 도구를 선택할 때 조직 차원의 학습이 일어납니다.

체계적이고 설명이 잘 되어 있는 많은 베타 실행법이 있습니다. 베타, 린, 스크럼, 칸반, TQM, QRM 등에 관한 자료들이 있습니다. 우리가 출간한 또 다른 책 〈복잡계 기반 도구Complxitools〉에서 우리는 조직에서 쓸 수 있는 33가지 방법을 정리해 놓았습니다. 조직의 구체적인 맥락에서 추가적인 베타 방식의 필요성도 생겨날 것입니다.

기존의 업무 방식에 대해 이런 질문을 해 볼 수 있습니다. "왜 이 일을 하지?", "우리는 진짜 X, Y, Z와 같은 것들을 전제사항으로 둘 필요가 있나?" 이런 질문은 우리가 어떻게 (베타 방식으로) 더 잘할 수 있을지에 대한 답을 제공하는 최선의 방법입니다.

90일의 변화작업 중 새롭게 적용하는 방법은 늘 현실적으로 소화할 수 있는 '적정량'이어야 합니다. 변화의 도전이 너무 커서 소화할 수 없게되면, 일관성 없는 미온적인 행동만 나올 것입니다. 불확실성은 학습의 자연스러운 일부분입니다. 정상적인 것이죠. 원칙 중심의 실행과 학습을 하는 중 불확실한 부분이 생기면 다음을 기억하는 것이 도움이 될 것입니다.

- 앞으로 나아갈 수 있도록 (적어도 잠시동안) 의심을 미뤄두세요.
- (적어도 잠시동안) 잘되고 있는 듯 행동하세요. 방식은 OS2에서 점검하고 평가할 수 있습니다.
- 이 새로운 '베타 방식'이 작동한다고 가정하세요.

원칙 중심의 실행도 이뤄졌고, 방식도 숙고 해서 적용하다 보면, 접근법은 정형화 되지 않고 유연해 집니다. 모든 실행은 OS2에서 다른 의견과 관점을 수용해서 들여다보고 교정할 것입니다.

> { 실행, 실험, 다양화, 재실행. 새로운 팀의 패턴은 그냥 무에서 창출되는 것이 아닙니다. }

베타코덱스

복잡성을 대응함에 있어 하나의 이론만 고집할 필요는 없습니다. 정형화된 틀도 필요치 않습니다. 그 대신 일관성 있는 공유된 언어와 이미지가 필요합니다. 그리고 조직의 모두가 학습을 통해 체득하고 통합할 수 있는 시스템적 개념 체계가 필요합니다. 결국 중요한 것은 베타 방식이 규정이 아닌 원칙에 기초한다는 것입니다. 다른 개념과는 달리 베타코덱스는 도구도, 만능공구도 아닙니다. 베타코덱스는 시스템에 관한 시스템, 컨셉, 마인드셋이며 우리에게 가이드가 되어줍니다.

규정과 원칙의 차이는 이렇습니다. 규정을 만들려면 사전에 가능한 한 모든 상황을 분석해야 합니다. 규정은 '이런 일이 벌어지면 이렇게 행동하라'는 논리에 기초합니다. 하지만 알 수 없는 상황이 발생하면 규정은 실패합니다. 반면, 원칙은 인지된 문제에만 적용하지 않습니다. 발생 가능한 모든 상황을 알 필요도 없습니다. 어떤 일이 일어나든 적용할 수 있습니다. 이 차이를 알면 조직 또는 현업에서 겪는 상황에 베타코덱스 원칙을 적용할 수 있습니다. 언제 어디서나 말이죠.

베타코덱스의 원칙 조합을 이해하는 데에는 연습이 필요합니다. 이 모델은 12개의 일관적이면서 상호의존적인 원칙으로 되어 있기 때문입니다. 이 모델의 원칙은 샐러드 바에서 좋아하는 몇 가지만 고르는 식이 아닙니다. 12개의 원칙을 통합적으로 적용해야만 이 모델이 제공하는 높은 성과라는 열매를 얻을 수 있습니다.

1998년 시작한 '회계를 넘어선 원탁회의Beyond Budgeting Round Table', 2008년 시작한 베타코덱스 네트워크는 광범위한 연구 조사와 사례 연구를 통해 결론을 도출했습니다. **조직에는 탈중심화와 "상대적 성과 계약"에 기반한 조직 모델의 중심 원칙이 필요합니다.** 이는 중심부의 명령과 통제, 계획 및 고정된 성과 계약과 반대되는 것입니다. 이 모델은 팀에 대한 확신을 전제로 합니다. 팀을 계속 도전하게 만드는 것은 경쟁자 같은 것이 아니라 조직의 높은 투명성과 기대치입니다. 성과와 결정에 대한 책임은 점차적으로 중심부에서 주변부로 이동합니다.

베타코덱스의 원칙

베타 방식은 복잡성으로 가득한 시장과 인간 본성에 맞는 조직 마인드입니다.

서로 연결된 불가분의 12개 법칙 또는 원칙들로 다음과 같습니다.

	법칙	피할 것	추구할 것
1	팀 자율성	의존성	목적과의 연결성
2	연합	서로 격리된 부서	셀 조직으로의 통합
3	리더십	관리	자기 조직화
4	전방위적 성공	일부만의 최대화	조직 전반의 건전성
5	투명성	권력의 방해	지식 정보의 교류
6	시장 지향성	고정된 위로부터의 결정	상대적 목표 설정
7	추가 보상	인센티브	참여
8	마인드셋	계획된 경제	준비성
9	흐름 주기	회계연도 중심	재치와 유연함
10	전문성 기반 의사 결정	위계 질서	성과 창출 능력
11	교육과 훈련	지위 중심	실질적 필요
12	흐름 조정	고정된 할당량	가치 창출의 역동

2018 버전, www.betacodex.org

베타코덱스의
조건

베타코덱스의 12가지 법칙은 오픈스페이스 베타에서 "베타"의 의미를 규정합니다. 베타 패턴의 실행에서는 단 하나의 핵심적인 요구 조건이자 제약 요건이 있습니다. 바로 모든 실행은 베타코덱스의 방향성과 일치되어야 한다는 것입니다. 각 실행이 베타코덱스의 12가지 원칙과 상반되면 안 됩니다.

베타 방식의 12가지 원칙은 팀이 있는 공간이나 모든 이들이 주목할 수 있는 곳에 붙여 두는 것이 좋습니다. 구성원 모두는 자신들의 실행이 베타코덱스에 맞는지를 따지고 질문해야 합니다.

OS1, OS2 사이의 이 최소한의 구조적 장치는 참가자들이 많은 주제와 의견에 대해 토의하게 합니다. 팀과 조직이 90일의 실행을 하는 동안 베타코덱스는 사람들이 베타 방식을 실제로 적용하고 있는지를 가늠해 볼 수 있는 기준이 되어 줍니다. **조직이 베타코덱스의 12가지 원칙을 따른다면, 다음 질문에 대해서 "그렇다!"고 답할 수 있습니다. 그렇지 않다면 실행은 수정되어야 합니다.**

- 의존성이 아닌 목적으로 하나됨을 이해하세요! 이에 맞게 우리의 현재 행동이 팀 자율성을 지지합니까?

- 서로 격리된 부서가 아닌 셀 조직으로의 통합을 이해하세요! 이에 맞게 소그룹의 연합 방식을 지지합니까?

- 관리가 아닌 자기조직화를 이해하세요! 이에 맞게 개개인의 리더십을 지지합니까?

- 일부만의 최대화가 아닌 조직 전반의 건전성을 이해하세요! 이에 맞게 조직 전반의 성공을 지지합니까?

- 권력의 방해가 아닌 정보의 교류를 이해하세요! 이에 맞게 투명성을 지지합니까?

- 고정된 위로부터의 결정이 아닌 상대적 목표를 이해하세요! 이에 맞게 시장지향성을 지지합니까?

- 인센티브 보다 참여가 진짜 소득임을 이해하세요! 이에 맞게 추가 보상을 제공합니까?

- 계획 경제가 아닌 준비성을 이해하세요! 이에 맞는 마인드셋을 지지합니까?

- 회계연도가 아닌 재치와 유연함을 이해하세요! 이에 맞는 흐름 주기를 지지합니까?

- 위계 질서가 아닌 성과 창출 능력을 이해하세요! 이에 맞는 전문성 기반의 의사결정 방식을 지지합니까?

- 지위가 아닌 실질적 해결 방안을 이해하세요! 이에 맞는 교육과 훈련을 지지합니까?

- 고정된 할당이 아닌 가치 창출의 역동을 이해하세요! 이에 맞는 흐름의 조정을 지지합니까?

베타코덱스는 베타 방식과 알파, 또는 베타 방식이 아닌 것의 명확한 경계를 정합니다. 이 제약 조건 내에서는 자기조직화와 원칙 중심의 실행에 관해 모든 것이 자유롭습니다. 그 결과는 놀라울 것입니다.

베타방식을 마음에 새기고자 한다면 베타 방식의 개별 원칙이 아닌 상호 관계적인 전체 원칙을 이해해야 합니다. 문제해결과 조직 개발의 맥락에서, 그룹은 언제나 질문 해야 합니다. 이런 상황에는(보통 하나 이상이 되는) 원칙 중 어떤 것을 적용해야 할까? 우리 행동이 다른 요소에 어떤 영향을 줄까? 이 문제를 누구와 상의해야 할까?

의사결정을 하기 전에 받는 자문은 중요한 안전장치가 됩니다. 베타 방식에서 큰 그룹의 의사결정이나 다수결을 무시하지 않으면서도 강제성 없이 일치성을 확보하고 집단 지성을 발휘하려면 자문이 필요합니다. 자문 과정을 거친 개인의 의사결정은 베타 조직에 이상적입니다. 의사결정이 하나의 팀에만 영향을 준다면, 각 팀 내에서의 자문은 필수입니다. 모든 조직이나 팀이 영향을 받는다면, 문제에 관련된 팀 수준을 넘어서는 주체의 자문이 필수입니다.

{ 90일간 지속적으로 베타코덱스를 참고하면 관계와 집단의 연결을 재설정하고, 조직에 새로운 마인드셋을 정착시킬 수 있을 것입니다. }

원칙 중심의 실행

첫번째와 두 번째 OS 행사의 사이 기간에 팀은 베타코덱스 원칙의 "범위" 안에서 방법론과 패턴들을 실행하게 됩니다.

지난 수십년간 조직 분야에 있었던 많은 실패와 잘못된 변화 과정을 생각해보면, 많은 이들이 오픈스페이스 베타에 대해 회의적이거나 냉소적 태도를 가질 만합니다. 오픈스페이스 베타는 경영진과 팀에 의심을 유보하고 전환과 학습을 실행하도록 권합니다. 팀에서 사용한 특정한 방식이 통하는 것을 목격하면 냉소는 점점 사라지고 팀은 높은 성과 조직으로의 성장을 시작합니다.

원칙 중심의 실행은 조직 전반의 지속적인 성장을 위한 좋은 조건의 열쇠가 됩니다. 깊이 있는 변화를 만들려면 조직의 구조 변화가 있을 때 개인도 행동을 변화시키고, 그 변화된 것을 지속해야 합니다. 조직의 시스템이 바뀌면 사람들의 행동도 바뀝니다. 이 점이 중요합니다. **사람들은 변화 자체가 아니라 잘못된 변화 방식에 저항하는 것입니다.** 하지만 여전히 커다란 대전환은 미지의 영역에 대한 스트레스와 두려움을 수반합니다. 따라서 망설임이나 회의, 냉소를 해소해야 합니다. 그런 태도를 불평하는 대신에 명확히 설명하고 소통하고, 결과를 공유하고, 맥락이나 시스템을 개선하는 것이죠.

변화된 시스템에 적응하고 변화된 환경에서 일하는 방법을 알게 되면서, 사람들은 게임의 규칙을 이해하게 되고 그것이 "정상"이라고 느끼게 됩니다. 하지만 업무 방식의 변화가 처음 도입될 때 불확실성은 물론 두려움이 자연히 따라옵니다. 원칙 중심의 실행은 걱정을 줄여줄 수 있습니다. 그 어떤 것도 영원하거나 고정되어 있지 않습니다. 변화는 성공이 보장되어야만 한다고 단정할 수도 없습니다. 특정 기간에 한정해서 걱정이나 우려 없이 실행을 해볼 수 있습니다. 실행의 결과는 새로운 습관과 행동을 촉진하게 됩니다.

{ 오픈스페이스 베타는 "새로운 것을 창조하는 것"이 아닙니다. 단지 적절한 방법을 엄격하게 적용하는 것입니다. }

직접 경험

오픈스페이스 베타에서는 토론이나 논리 다툼보다 베타 원칙과 직접적 경험 관찰, 또 현업 중심 보고서가 가치가 있습니다. 이유는 간단합니다. 어떤 접근법의 유익을 토론할 시간에 직접 실행을 해보고 그로부터 소중한 수확을 얻을 수 있기 때문입니다.

즉, 어떤 일들은 말보다 행동이 낫다는 것입니다.

두 번의 OS 행사 사이에 있는 90일 동안 참가자들은 조직 전반의 지속적 개선 및 학습에 맞춘 베타 패턴의 훈련된 변화를 실행하게 됩니다.

오픈스페이스 베타에서 대부분의 사람들은 문제 해결자가 됩니다. 그들은 어려운 문제에 해결책을 찾아 제시하는데 큰 관심을 갖고 있습니다. 그들은 감정과 전제사항, 기대 성과에 대한 철저한 추론과 이에 관련된 구체적 증거를 중요시합니다.

직접적 경험은 OS 행사에서 "쏟아져 나오게" 됩니다. 모임에서 참가자들은 베타 패턴, 베타 원칙, 관련된 실행에 대해 자신들이 원하고 생각하고 실행한 것을 표현합니다. 그들은 연결점을 찾아내고 베타 대전환이 촉진될 최선의 방법을 찾아냅니다.

{ 실제 문제를 해결하고 그 결과를 보는 것이 가장 큰 영감을 줍니다. }

실행 권한 소유자

공식 권한 관리자는 지명되거나 지정됩니다. 인플루언서, 실력자는 자연스레 등장합니다.

- **공식 구조에서의 권력자 또는 공식 권한 관리자는 규정준수와 규범을 벗어나지 않게 하는 책임을 집니다.** 참여, 진척, 책임, 업무인력에 대한 공식 권한을 통제하는 노력을 합니다. 이를 위해 절차, 도구, 문서, 계약, 역할 규범, 다양한 소통 방식을 활용합니다.

- **비공식 구조에서 힘을 가진 인플루언서는 사람들의 조직 소속에 대한 욕구를 다룹니다.** 이들은 참여, 절차, 책임, 조직 구성원의 비공식적 권한에 영향을 줍니다. 이를 위해 규범, 가치, 문화, 스토리, 그룹의 위치와 관계와 같은 비공식적이고 보이지 않는 구조를 활용합니다.

- **가치 창출 구조에서 힘을 가진 실력자는 조직의 미래 성과를 다룹니다.** 이를 위해 업무 흐름과 프로젝트에서 일과 가치 창출 흐름에 영향을 주고, 복잡한 문제

를 해결합니다. 실력자나 숙련도를 가진 사람을 통해 조직은 숨은 자원을 찾아

냅니다. 가치 창출 흐름과 팀 역동을 활용해서 조직내의 참여, 진척, 책임감과 권

한을 증진시킵니다. 이 과정에서 초대, 자율적인 참여, 직접 경험, 자율적 책임

stewardship , 개인의 성장이 작동합니다.

팀의 성과를 향한 열정적 실행에 대해 사람들이 주도권과 책임을 가지면

조직 차원의 학습과 혁신은 자연스레 나타납니다. 의심을 보류하고 책임

감을 갖고 행동하면, 모든 조직은 사람과 팀, 가치 창출 구조에서 숨은 가치

를 발견하고 학습합니다.

조직의 세 가지 구조에서 힘을 가진 사람은 새로운 리더십의 등장을 촉

진하는 역할을 하게 됩니다.

• **참여** 새로운 리더십이 나타나고, 사람들이 팀 성과와 조직에 대한 책임감을 갖게

하려면 초대가 필요합니다. 성장에 수반되는 위험은 시도를 움츠러들게 합니다.

따라서 '시도하기'에는 공식 구조에서의 공식적 역할 배분도, 비공식 구조에서의

숙제도, 가치 창출 구조에서의 동료에 대한 압박도 있어서는 안됩니다. 초대는 직

위, 영향력, 숙련도에 관계없이 누구나 수락 또는 거절할 수 있다는 의미입니다.

• **진척** 오픈스페이스 베타 기간의 진척은 계획에 대한 스토리, 베타 패턴의 실행,

리더십의 등장과 직접적 학습 경험을 통해 측정할 수 있습니다. 공식 권한 관리

자는 성과와 무관하게 안전한 학습 공간에 대한 이야기를 나누고 축하해 주어야

합니다. 인플루언서는 역할을 수행하는 이들을 연결하고 격려해야 합니다. 숙련자는 각자의 학습을 강화하는 이들을 지원하고 격려해야 합니다.

• **책임** 숙련자는 목적과의 일치성, 자율성, 숙련도를 강화하고 싶어하기 때문에 선두에 서게 됩니다. 이들은 "이걸 해보고 싶어"라고 말합니다. 숙련자는 업무와 직결된 조직 목표, 팀의 자율성과 숙련도에 책임감을 느낍니다. 그래서 숙련자는 학습을 독려합니다. 공식 권한 관리자는 계약과 합의를 통한 책임감을 강조합니다. 인플루언서는 관계를 강조합니다.

• **권한** 공식 권한 관리자는 공식 승인을 통해 실행 권한을 부여합니다. 이를 통해 변화와 가치 창출의 조건을 만들게 됩니다. 인플루언서는 변화에 대한 동의와 책임에 관해 사람들과 교류하여 그런 조건을 만들고자 합니다. 실력자는 현실적인 시장의 요구에 답하고, 일과 성과에 책임을 지는 태도를 통해 조건을 만들고자 합니다. 책임을 기꺼이 지거나 의사결정을 하는 사람은 누구나 리더십을 갖습니다. 책임은 공식, 비공식, 가치창출 구조 안에서의 인정을 받아야 합니다. "이 계획을 내가 책임 지고 해봐도 될까요?"라는 것은 승인 또는 거절이 가능한 초대입니다.

의도된
스토리텔링

사람들이 말하는 스토리는 조직 문화의 한 부분을 생성하고 반영합니다. 과거, 현재, 미래의 스토리는 조직과 사람에 대한 일관적인 혹은 비일관적인 이야기를 만들어 냅니다. 이런 이야기의 탄생과 전파를 통해 조직의 생명력이 생겨납니다.

조직과 구성원이 변화를 겪을 때, 스토리의 필요성이 높아집니다. 사람들은 변화의 간극을 메워줄 힘이 있는 사람을 찾게 마련입니다. 공식 권한 관리자, 인플루언서, 실력자가 변화에 대한 일관성 있는 이야기를 만들어 내지 못하면 사람들은 자기들이 겪고 있는 변화에 들어맞는 이야기를 스스로 만들어 냅니다. 의도한 계획이 아닌 반응에 의해 생성되는 스토리는 변화의 전반적인 목적과 맞지 않게 될 수도 있습니다. 이렇게 되면 조직은 목적과 일치하지 않는 즉흥적이고 일관성 없는 조직 문화를 만들 위험이 있습니다. 이렇게 되면 불필요하고 비생산적인 혼란, 저항, 두려움 등이 생길 수 있습니다.

조직에서 힘을 가진 이들은 이 간극을 메울 수 있습니다. 의도된 스토리텔링과 의도적 스토리 생성을 하는 것입니다. 성공적 조직 변화는 공식 권한 관리자, 인플루언서, 실력자의 일관성 있는 변화 목적 스토리가 전달되었을 때 일어납니다. 스토리텔링은 첫 OS 행사에서 시작하고, 베타 패턴의 실행과 OS2에 걸쳐 지속되며, 조직의 지속적 발전과 함께 미래로 이어집니다.

이야기 생성

과거, 현재, 미래의 이야기는 90일의 전환과정에 일관성을 부여합니다. 진정 어린 행동과 실행으로 조직의 구성원은 조직 변화의 이야기를 만들어 냅니다.

이야기를 만들기 위해 힘을 가진 이들은 세 가지 구조에서 변화 이야기에 맞게 의도적으로 행동하고, 누구나 전파할 수 있을 만한 스토리를 남겨야 합니다. 예를 들어 공식 권한 관리자가 무엇인가에 주목하면 조직 구성원들은 그것이 중요하다고 여깁니다.

우리는 표식과 신호를 통해 세상을 여행합니다. 조직에서 사람들은 변화를 이해하기 위해 힘있는 사람을 지켜봅니다. 힘 있는 사람은 우리가 어디에 있고 어디로 가는지 신호를 보냅니다. 오픈스페이스 베타에서 힘이 있는 사람은 의식적으로 모든 행동을 하나의 관점으로 통합해야 합니다.

사람들은 힘을 가진 이들의 행동에 관한 스토리를 전파할 것입니다.

{ 내부의 의도된 스토리텔링을 통해서 조직 개입은 "뿌리를 내릴" 확률이 높아집니다. 그리고 소통 방식과 시스템에 도 강력한 영향을 줍니다. }

Part 7

OS2 : 마무리
(체크!)

개념, 맥락, 할 일

이 단계에서는 90일의 베타 대전환 기간을 마무리하고, 체크하거나 되돌아보고 경험들을 이해합니다.

개념

- 두 번째 OS를 준비합니다.

- 새로운 주제와 초대

- 조직은 앞으로 무엇을 해야 할까?

맥락

- 팀은 OS를 이미 경험했습니다. 따라서 OS2에서 무엇을 하고 어떻게 자기 조직화를 할지 알고 있습니다.

- 팀은 90일간 베타 패턴을 실행한 직접 경험을 갖고 있습니다. 무엇이 작동하고 또 안 하는지를 보았고, 베타코덱스와 실행을 어떻게 연결할지를 배웠습니다.

- 시간이 다 되었습니다. 코치는 곧 떠납니다. 팀은 수준을 높이고 베타 대전환으로 전환하는 책임을 지게 됩니다.

- OS2는 현재의 학습 챕터가 끝나고, 새로운 챕터가 시작되는 통과 의례입니다.

할 일

- OS2의 주제를 다듬습니다.

- OS2의 초대장을 만들고 발송합니다.

- OS2를 시행하고 회의록 작업을 합니다.

OS2의 주제와 초대

주제와 초대는 조직이 각 OS 미팅을 계획하고 준비하는데 중요한 요소입니다. OS1 이전에 초대장은 자율적인 참여의 중요성과 함께 OS, 베타 대전환, 주제를 소개했습니다.

90일의 베타 패턴 실행의 종료를 목전에 두고 조직은 OS2를 기대합니다. 그리고 여기에 참여하고자 하는 사람들은 보통 준비가 잘 되어 있습니다. OS2는 조직 차원의 성찰로서 기능합니다.

90일간 있었던 변화의 이야기는 신선했을 것입니다. 사람들은 회의록이 신속하게 배포되었고 그에 맞춘 실천이 이뤄졌음을 알고 있습니다. 90일간의 적극적이고 의도된 스토리텔링은 실행, 대전환, 학습의 지속적 과정을 지지하고 확신을 주었습니다.

또한 조직이 대면한 가장 어려운 장애물, 지속적 성장 목표에 대한 인식도 생겨났습니다. 사람들은 코치의 활동 기간이 한정되어 있다는 것, 앞으로는 코치 역할이 변화한다는 것을 압니다. 이제 시간이 다 된 것입니다.

스폰서의 주제 및 OS2의 초대 다듬기를 돕는 과정에서 코치와 MC는 접근 방식을 바꿀 수도 있고 더 직접적으로 말할 수도 있습니다. **이들의 역할도 곧 바뀔 것입니다. 이들은 "표현을 더 정교하게" 해줄 수 있습니다.**

OS2는 신선함이 떨어지거나 참가인원이 적을 수 있습니다. 하지만 참가를 선택한 사람들은 더 큰 집중과 결의로 명확히 인식된 문제를 공략할 준비가 되어 있습니다.

{ 참가자들이 성장에 집중할 수 있도록 OS2의 주제를 OS1보다 훨씬 더 정교하고 손에 잡히게 해야 합니다. }

두 번째 OS 미팅
(OS2)

두 번째 OS 행사는 OS1과 다를 것입니다.

- 모두가 이제는 OS의 작동방식을 압니다. OS는 이제 더 이상 참신하거나 생소하지 않습니다.

- 앞을 보는 전망 뿐 아니라 뒤를 돌아보는 회고도 있습니다.

- OS1과 90일의 변화 이후에 공식 권한 관리자가 어떻게 행동했는지를 모두가 관찰하고 경험했습니다.

- 처음에 반대했던 사람들은 변화를 참아냈거나, 심지어 협력적으로 변화했습니다.

- 기존에 참아왔던 사람들은 이제 베타 대전환을 지지할 수도 있습니다.

- 베타 패턴의 실행을 존중하면서 서로 다른 사람들이 있는 자리에서 좋은 의견을 냅니다.

- 간단한 방해물은 대부분 해결했고, 일부 어려운 문제만 남아 있습니다.

- "시스템을 게임화"하려는 사람들은 어떻게 OS2행사의 참여를 "즐길지" 를 생각합니다.

스폰서는 회의록에 있는 장애물 제거에 집중하면서 이 에너지를 끌어 낼 수 있습니다.

따라서 다음을 예상할 수 있습니다.

- 전반적으로 낮은 참여도. OS1에서는 호기심에 참여한 사람도 있습니다. 그들은 보통 OS2에 참여하지 않습니다.
- OS2의 세부 주제는 다음 단계로의 발전을 저해하는 몇 가지 중요한 것에 집중됩니다.
- 기존보다 적은 인원이 적으므로 마무리 원형 배치가 작아집니다.
- 코치는 떠나거나 그 역할을 완전히 새로운 것으로 바꿉니다.

OS2 행사는 중요한 성찰을 하는 지점입니다. 이 미팅 동안 조직은 지난 90일의 베타 패턴 실행의 결과물을 들여다 봅니다. 명확하게 실행하지 않았던 시도나 방법을 수정하고 고치고, 심지어 버릴 수도 있습니다. 그것이 토의의 결과물입니다.

오픈스페이스 베타의 맥락에서 OS2와 그 후에 이어지는 회고의 기간은 다음의 목적을 갖습니다.

- 학습한 것을 돌아봅니다.
- 학습을 통합적으로 이해합니다.

- 학습이 충분히 안정화 되도록 긴 호흡으로 쉽니다. 추가적 학습의 기초를 만듭니다.

지속적 발전의 장애물을 명확히 인식하고 토의합니다. OS2는 행동 요구이기도 합니다.

OS2 행사에는 지속적 발전과 높은 성과에 대한 결의를 가진 사람들이 모여 높은 집중력을 보여 줍니다. OS2에 참여하는 사람은 오픈스페이스 베타의 열린 접근법과 매우 강력한 결과를 좋아합니다.

{ OS2에서 가능한 것과 불가능한 것이 명확해 집니다. }

1, 2일차:
자율적인 참여 미팅

OS2는 행동을 결정하고 실행하는 훌륭한 공간입니다. 그룹은 OS1과 베타 패턴을 실행하는 90일을 경험했습니다. 그룹의 모두가 이슈, 기회, 문제를 알고 있습니다.

조직의 개별 구성원은 누가 변화 과정을 지지하고, 또 하지 않는지를 알고 있습니다.

이런 이유로 OS2는 더 긴 회의가 될 수 있습니다. 이틀 간의 행사는 문제를 인식하고 해결하고 실행할 시간을 제공합니다. 반면 OS1에 있었던 준비일은 필요치 않습니다. 마감기한이 있는 전환의 기반은 이미 있기 때문입니다. 공식 권한 관리자 뿐만 아니라 참석한 모두는 즉시 행동 단계로 넘어갈 수도 있습니다.

OS2는 집중, 의도, 성과를 더 정교하게 하는 것입니다. 즉, 실행에 관한 것입니다.

OS2를 연결성 있게 진행하는 좋은 방법은 첫 날의 오후에 시작해서 2일차 종일로 연결하는 것입니다. 이렇게 다소 길어진 시간에 실행과 역동성을 끌어내는 활동을 할 수도 있고, 가장 중요한 이슈들의 해결 가능성을 높여주는 논의를 해 볼 수도 있습니다.

2일차의 마지막 부분에 퍼실리테이터는 그룹을 방해하는 이슈들에 대한 오너십을 강화하고 실행을 하게 만드는 활동을 추가할 수 있습니다. 90일이 지나고 사람들은 동기 부여된 느낌을 갖습니다.

따라서 OS2는 공식 권한 관리자가 신호를 보내기 좋은 기회입니다. 이제는 베타 방식 적용에 있어 리더십과 자체적 기회 창출의 권한이 그룹에게 있다는 것을 알리는 신호를 보낼 수 있는 것입니다.

{ OS2는 첫 결과물을 가시적이고 경험하게 해줍니다. 작업은 더 집중됩니다. }

OS2 회의록

OS2의 회의록은 OS1의 경우와 상당 부분 동일한 역할을 하며 또한 동일한 지원을 필요로 합니다.

하지만 명확한 차이도 있습니다.

- 사람들은 절차를 이해하고 있으며 점점 지시와 보살핌을 필요로 하지 않습니다.
- OS2에는 작은 규모지만 더 큰 확신을, 더 높은 수준의 결단과 집중력을 가진 사람들이 모입니다.
- 세부 주제의 목록은 더 적고, 높은 성과와 학습 조직의 방해가 되는 큰 문제들에 집중하게 됩니다.
- 준비일은 필요치 않습니다. 시간 제한이 있는 변화의 기반은 이미 있기 때문입니다.
- 경영진이 OS2 회의록을 확인한 후에는 OS와 비슷한 점검 회의를 갖습니다. 하지만 이후에 있을 회고의 기간을 위해 코치의 현재 역할은 종료됩니다. MC는 표현을 정교하게 다듬을 수 있습니다. 그 후에는 역할을 전환하거나 종료합니다. OS2의 회의록은 잘 다듬어진 표현을 위한 배경 자료가 됩니다. MC는 이 회의록

에 경영진이 꼭 지켜야 할 중요 사항에 강조 표시를 할 수 있습니다.

OS2이후 집중력과 결단력이 있는 리더들은 코치 역할의 변화를 경험합니다. 그것은 "도약"의 신호라고 할 수 있습니다.

그들은 이제 "레벨 업"을 위해 필요한 것을 이해하기 시작합니다.

{ 회의록은 더 정교하고 복잡하며 내용이 충실합니다. 양보다 질입니다. }

Part 8

30일 : 회고의 기간
(레벨 업!)

개념, 맥락, 할 일

이 단계에서는 베타 방식의 경험을 심화하고 대전환 작업을 내재화합니다.

개념

- 하나의 챕터가 끝나고 다음이 시작됩니다.

- 성찰, 조사, 행동 조정

- OS 돌아보기

맥락

- 조직 학습의 한 챕터가 종료되었습니다. OS1에서 이슈들은 나왔습니다. 경영진
  이 조치를 취했고 팀에게 실행, 변화, 학습, 그리고 정해진 기간 동안의 학습을 승
  인했습니다.

- 가장 적극적인 사람들은 OS2에 참여했고, 남은 큰 문제들을 확인했습니다. 경영
  진은 회의록 작업을 했고 팀이 진행하도록 승인했습니다.

- 사람들은 자기조직화와 주도권을 경험했고, 현재를 졸업하고 새로운 수준으로
  나아간다는 느낌을 받았습니다.

할 일

- 코치의 역할 종료

- OS 챕터에 대한 보고

- 적절하다 판단되면 다음 OS 일정 수립

회고의 기간
(30일)

두 번째 OS 미팅은 마무리 행사입니다. 그리고 지금까지의 조직 학습 챕터와 다음 챕터의 경계선이 됩니다. 조직 통과의례의 마지막 지점입니다. 가장 효율적으로 통과의례를 거쳤다는 증거는 조직이 "우리 수준이 높아졌다" 또는 "졸업했다" 하는 느낌입니다. 이런 레벨 업이 되었다면 베타 대전환 과정은 종료해도 됩니다.

우리는 이를 30일의 회고의 기간이라고 합니다. 코치는 OS2이후의 이 30일 동안 코치 자리에서 떠나야 합니다. 이렇게 해야 더 강하게 다른 수준으로 이동하고 나아갈 수 있습니다. 졸업했다는 느낌이 더해지는 것입니다. 챕터와 챕터 사이에 코치의 역할이 변하지 않으면 성장했다는 느낌이 줄어듭니다. 그러니 역할은 바뀌어야 합니다. 오픈스페이스 베타의 목표는 조직이 최대한 빨리 베타 방식으로의 홀로서기를 하고, 스스로를 유지하게 하는 것입니다. 이것이 가능 하려면, 팀에서 코치의 역할과 권한은 줄어들어야 합니다.

OS2이후의 30일은 OS1에서 배운 것, 실행-전환-학습에서 배운 것, 그리고 OS2에서 배운 것들을 통합하는 시간입니다. 자신들이 학습한 것을 돌아보고 결과를 관찰하며, 행동을 수정하는 것입니다.

이 단계에서 다음의 질문을 하면 좋습니다.

- OS1, OS2의 회의록 내용은 얼마나 신속하게 실행이 되었나?

- 조직이 근본적 변화를 하고 있는가?

- 베타 패턴의 첫 90일 실행 결과는 무엇인가?

- MC나 코치의 직접적 격려 없이 조직이 스스로 실행한 것은 무엇인가?

- 오픈스페이스 베타의 결과로서 사람, 계획, 정책에는 어떤 일이 있었나?

- 사람들은 업무 개선을 위해 베타코덱스에 맞는 업무 방식의 변화를 학습했나?

- 베타 혁신을 성공으로 이끈 대표 선수가 나왔는가?

- 대표 선수의 이름을 알고 있는가?

에너지, 실행,
더 큰 동력

두 번째 OS 행사가 다가오면, 사람들은 실행 의지가 강화됩니다. 사람들은 열린 환경에서 베타 패턴을 실행해 왔습니다. OS2기간 동안 사람들은 뒤를 돌아보고, 효과가 없었던 패턴과 방식을 탈피하여 다음 단계를 바라봅니다.

이제는 공식 권한 관리자의 행동 지시를 기다리기보다는 OS2내용에 기반한 실행을 독려합니다. 이제는 더 높은 수준의 참여와 결단을 격려해줄 때입니다. 현명한 공식 권한 관리자는 실행 권한을 그룹에게 제공한다는 신호를 줌으로써 에너지의 방향을 잡아줍니다.

OS2는 통상 해결이 필요한 3,4개의 큰 문제를 구체화합니다. 이외에도 주목하고 실행할 문제들이 있을 수 있습니다. 조직 위생은 지속 유지되어야 합니다.

이 문제를 제기하고 해결의 동력을 유지하려면, OS2에서 문제해결에 관련된 실행을 독려하는 것이 가장 좋습니다. MC, OS 퍼실리테이터, 스폰서는 실행력과 문제해결의 주인의식을 강화하는 활동을 구축하기 위해 협력해야 합니다.

이 모든 것에 대해 스폰서의 승인을 적시에 얻는 것이 중요합니다.

다음은 OS2 이후 이상적인 조직의 상태입니다.

- 그룹은 즉각적 관심이 필요한 핵심 문제가 무엇인지 알고 있습니다.

- 각 문제에는 이를 설명하고 해결할 열정과 책임을 가진 대표 선수가 있습니다.

- 각 문제별로 더 넓은 범위의 팀이 도움을 줄 준비가 되어 있습니다.

- OS2에서 도출된 각 이슈에 대해 대표 선수와 팀은 무엇을 누가 실행할지에 명확한 합의를 합니다. 이런 방식을 통해 변화에 진척이 있다는 느낌이 조직 전반에 퍼집니다.

머지 않아 시스템은 지속적 성장, 훌륭한 성과를 향한 의지가 발휘되는 방향으로 나아가기 시작합니다. 이렇게 되면 많은 문제들이 온전히 사라지며, 베타 대전환을 지지하지 않던 사람들도 90일 동안 많은 것이 바뀌었다는 것을 알게 됩니다. 조직 체계는 실질적으로 변화하고, 앞으로 계속 나아가는데 필요한 동력을 확보합니다.

> { 90일 동안 성과를 보장할 수는 없습니다. 하지만 명료함은 분명히 생겨납니다. 더 알고 싶어하는 이들에게는 지금 시점에 무엇이 가능한지가 명확해 집니다. }

코치 역할 종료

오픈스페이스 베타가 잘 진행되었다는 생각이 들게 해주는 것이 있습니다. 바로 사람들이 성장 경험에서 오는 좋은 느낌을 갖는 것입니다. 게임에서 "레벨 업"은 성장한 느낌을 줍니다. 표준적인 변화 계획에서는 같은 코치가 몇 년간 팀이나 조직에 머뭅니다.

이렇게 하면 팀이 성장하고 발전한다는 느낌을 갖기가 어렵습니다.

오픈스페이스 베타에서는 두 개의 OS행사로 연결되는 전체 학습 과정을 챕터라고 합니다. 각 챕터는 과정, 구체적 성장을 의미합니다.

코치의 역할은 챕터의 종료와 함께 공식적으로 바뀝니다. 중요한 것은 OS를 시작하고 마치는 각 챕터가 진행됨에 따라 코치의 역할이 줄어드는 것입니다. 코치의 권한 축소는 상징적이면서도 실질적 측면이 있습니다. 실질적으로 팀은 코치의 조언에 영원히 의지할 수 없다는 것을 알아야 합니다. 그리고 지속적 성장을 위해 더 적은 코칭을 필요로 하는 수준까지 성숙해야 합니다. 상징적으로 코치 권한의 감소라는 것은 처음에 코치가 가졌던 권한의 전부는 아니더라도 일부를 팀이 갖게 되는 것을 뜻합니다.

오픈스페이스 베타에서 코칭은 엄격한 시간제한이 있습니다. OS2이후의 30일, 코치는 최소한 그 30일간 떠나 있어야 합니다. 30일간의 공석, 약간의 진공상태를 통해 조직은 코치와 MC같은 외부의 힘 없이 바쁘게 움직여야 합니다. OS2이후로 코치 역할이 바뀐다는 사전 안내는 오픈스페이스 베타에서 중요합니다. 이 발표는 팀과 관계자 모두가 베타 대전환으로 나아가는데 더 많은 책임을 가져야 한다는 신호가 됩니다.

코치는 자신의 역할이 원래부터 일시적이라는 것을 지속적으로 재확인시켜야 합니다. 코치는 학습에의 도전 그리고 보상 과정, 홀로서기, 베타 방식의 자발적 유지를 스스로 해야 한다는 사실을 경영진과 관리자, 팀과 소통해야 합니다. 이는 외부적 권위자 없이도 지속적으로 발전한다는 의미입니다.

조직이 전환을 통해 성장하고, 사람들이 시스템적 맥락의 변화에 적응하는 동안 적정 수준의 코치의 개입은 필요합니다. 하지만 조직 전체도 성장했다는 느낌이 있어야 합니다. 코치는 이전 챕터에서 권위자로 인식될 수 있습니다. 하지만 코치가 자리를 비우거나 다른 곳을 돕게 되면, 팀은 이제 스스로 수준을 높이고 다음 베타 대전환 챕터의 스토리를 쓸 수밖에 없습니다. 물론 코치의 새로운 필요 역할은 이후에 주어집니다. 새로운 챕터에서는 동일한 또는 다른 코치가 코칭을 수행합니다. 하지만 챕터마다 코치의 역할을 바꾸는 진짜 목적은 조직이 스스로의 대전환 스토리를 써서 성장하고 진화하게 하는 것입니다.

한 챕터를 마치는 OS행사, 다음 챕터를 시작하는 OS 행사 사이에 조직의 학습이 일어납니다.

OS 행사는 시간과 경험에 경계선을 그어주는 일종의 통과의례이자 중요한 의식입니다. 우리가 학교에서 경험했던 행사처럼 성장을 축하하는 행사입니다. 학년이 올라가서 맞이하는 졸업식은 한 챕터의 마무리를 규정해주며, 새로운 챕터의 시작을 말해줍니다. 오픈스페이스 베타도 그렇습니다. 각 OS 행사의 진행과 더불어, 코치의 권한은 공식적으로 축소됩니다. 이로써 조직은 주기적이고 강한 성장의 느낌을 갖습니다. 이러한 코치의 위치 변화가 없으면, 성장은 없고 "현재에서 새로운 곳으로 가는" 통로도 막힙니다.

{ 코치의 온전한 역할은 팀과 조직이 스스로의 학습에 온전한 책임을 지게 하는 것입니다. 이는 한번에 바로 되지는 않습니다. }

더 높은 성과

조직은 높은 성과를 위해 오픈스페이스 베타를 활용합니다. 변화가 진행되면서 각 팀마다 높은 성과가 나기 시작합니다.

성과를 가속화해 줄 베타 방식을 찾겠다는 목표를 갖습니다. 그리고 각 팀이 여러 베타 방식과 패턴을 적용할 수 있는 충분한 구조가 갖춰집니다.

업무 방식에 대한 자율적 결정권의 힘을 경험하고 나면, 팀 구성원들은 능력과 동기를 제고하여 집중이 필요한 영역을 찾아냅니다. 이러한 높은 참여도는 높은 성과로 이어집니다.

팀이 변화의 걸음을 걷기 시작하면 긍정성은 전파됩니다. 많은 팀에서 이런 변화가 일어나면 조직 전체 역시 지속적 개선에 집중하게 됩니다. 이렇게 되면 문화는 제대로 바뀌게 됩니다.

{ 진지함, 투명성, 스스로 결정하고 실행할 수 있는 힘은 조직의 높은 성과에 있어 중요한 재료입니다. }

챕터 정리 보고

30일의 회고의 기간 이후, MC는 스폰서와 함께 챕터의 결과와 경험을 되돌아봅니다.

정리 보고는 "챕터의 감독"을 목적으로 실행합니다. 전체 챕터의 경험 중 더 미묘하고 모순되는 부분을 짚어보고 스폰서의 비판적 리뷰도 받습니다.

코치와 같이 MC도 최소 30일의 회고의 기간 동안 소통을 멈추고 조직에서 떨어져 있습니다. 이를 통해 조직은 스스로 조직화 하여, 스스로 필요를 충족시키는 행동을 할 수 있습니다. 한 챕터의 MC 역할은 챕터 정리 보고로 마무리됩니다.

챕터 정리 보고에 기반하여 MC는 다음 단계에 필요한 구체적 코칭을 할 수도 있습니다. 챕터 정리 보고 자체는 평가와 회고를 위해 다음의 주제에 집중합니다.

- 90일, 그리고 회고의 기간 30일의 회고
- 오픈스페이스 베타 전후로 조직 내, 다른 부서에서 있었던 에너지 수준 평가

- 과거와 현재의 패턴 인식과 그 의미 해석

- 구조를 바꾸는 추가적 작업, 가치창출을 위한 팀의 추가적 행동의 결과

- 스폰서의 개인적 학습

이외에도 공식 권한 관리자와 함께하는 추가적인 정리 보고 세션이나 다른 방식이 있을 수 있습니다.

{ 오픈스페이스 베타 챕터 전체를 통해 무엇을 배웠는가? 그 질문이 챕터 정리 보고의 핵심입니다. }

OS의 반복

각 오픈스페이스 베타 챕터에는 처음과 끝에 OS형식의 통과의례가 있습니다. 그 이후에는 어떻게 되는 것일까요?

오픈스페이스 베타에서 이 통과의례는 주기적으로 시스템의 일부가 되고, 또 조직 문화의 일부가 될 수도 있습니다. 오픈스페이스 베타의 핵심적 특징은 주기적이고 반복적인 OS미팅 구성이 가능하다는 것입니다.

실용적 관점에서 조직의 구성원은 첫 오픈스페이스 베타 챕터 이후 더 독립적으로 생각하고, 스스로의 학습에 더 많은 책임감을 가질 것입니다. **코치의 권한이 줄어드는 것이 핵심이며, 이를 통과의례 전반에 걸쳐 강조해야 합니다. 이렇게 하면 베타 방식을 조직에 통합함으로써 조직이 성장한다는 것을 더 확실히 할 수 있습니다.** 결국, 베타 조직은 외부의 도움 없이 독립적으로 오픈스페이스 베타 챕터를 수행할 수 있어야 합니다.

오픈스페이스 베타를 지속하는 또 다른 방법은 연 2회의 OS 미팅입니다. 예를 들어 1월과 7월에 개최하는 이 행사는 중요하고 핵심적인 역할을 합니다. 모든 조직이 이 행사를 기다립니다. 이것은 문화적 행사와 의식입니다. 또한 신규 입사자들이 조직 학습과 개발을 시작할 수 있는 자리가 되기도 합니다.

이렇게 사전에 결정된 행사 일정은 학습과 중립 지대 경험의 집중 공간을 만들어 냅니다. 이렇게 '체계를 바꾸는' 행사는 모든 베타 조직에 필요한 지속적 학습을 지원합니다.

이렇게 반복적으로 '체계를 바꾸는' 행사를 조직의 행사 일정에 포함하면, 한 사람의 리더에게 의존하려는 위험은 크게 줄거나 없어질 수 있습니다. 이것은 영속하는 베타 방식 조직에 특히 중요합니다.

베타 방식의 적용이 실패하는 전형적 패턴은 경영진이나 높은 지위의 스폰서가 조직을 떠날 때 발생합니다. 해당 경영진과 함께 베타 방식에 필요한 공간도 떠나 버릴 수 있습니다.

반기 단위의 반복적 OS 행사 구성은 기존 스폰서의 조직 내 존재 여부와 관계없이 지속적인 베타 대전환의 틀이 되어 줍니다.

> { 오픈스페이스 베타는 조직의 강력한 의식ritual, 또는 조직 문화의 일부가 될 수 있습니다. }

The rest

추가적 자료들
(베타 방식 작업에 유용한 것들)

추천 자료

Social dynamics, OpenSpace & Prime/OS

Denning, Steven The Leader´s Guide to Storytelling – Mastering the Art and Discipline of Business Narrative. Jossey-Bass, 2005

McGonigal, Jane Reality is Broken – Why Games Make Us Better and How They Can Change the World. Penguin Books, 2011

Mezick, Daniel The Culture Game – Tools for the Agile Manager. FreeStanding Press, 2012

Mezick, Daniel/Pontes, Deborah/Shinsato, Harold/Kold-Taylor, Louise/Sheffield, Mark The OpenSpace Agility Handbook. New Technology Solutions Inc., 2015

Owen, Harrison A Brief User´s Guide to OpenSpace. Available on: www.openspaceworld.com/users_guide.htm

Owen, Harrison OpenSpace Technology – a user´s guide. Berrett-Koehler Publishers, 2008

Owen, Harrison Spirit – Transformation and Development in Organizations. Free pdf: www.openspaceworld.com/spirit.pdf

Owen, Harrison Wave Rider – Leadership for High Performance in a Self-Organizing World. Berrett-Koehler Publishers, 2008

Turner, Victor From Ritual to Theatre – The Human Seriousness of Play. PAJ Publications, 2001

Turner, Victor The Ritual Process – Structure and Anti-Structure. Aldine Transaction, 1995

Beta & BetaCodex

Haeckel, Stephan Adaptive Enterprise – Creating and Leading Sense-

And-Respond Organizations. HBRP, 1999

Pflaeging, Niels Organize for Complexity – How to Get Life Back Into Work to Build the High-Performance Organization, BetaCodex Publishing, 2014

Pflaeging, Niels/Hermann, Silke Complexitools – How to (re)vitalize work and make organizations fit for a complex world. BetaCodex Publishing, 2018

Pflaeging, Niels/Hermann, Silke Org Physics - Explained, BetaCodex Network white paper No. 11, www.betacodex.org/white-papers

Purser, Ronald/Cabana, Steven The Self-Managing Organization – How Leading Companies Are Transforming the Work of Teams for Real Impact. Free Press, 1998

Seddon, John Freedom from Command and Control – Rethinking Management for Lean Service. Productivity Press, 2005

Organizational development, learning & change

Bridges, William Managing Transitions – Making the Most of Change. 25th anniversary edition, Da Capo Lifelong Books, 2017

Deutschman, Alan Change or Die – The Three Keys to Change at Work and in Life. Harper Business, 2007

Kleiner, Art Who Really Matters – The Core Group Theory of Power, Privilege, and Success. Currency/Doubleday, 2003

Kotter, John Leading Change – With a New Preface by the Author, 1R edition, HBRP, 2012

Kotter, John/Rathgeber, Holger Our Iceberg is Melting – Changing and Succeeding Under Any Conditions. St. Martin's Press, 2006

McGregor, Douglas The Human Side of Enterprise. Annotated edition, McGraw-Hill, 2005

Morgan, Gareth Images of Organization. Sage Publications, updated edition, 2006

Weisbord, Marvin Productive Workplaces – Dignity, Meaning, and Community in the 21st Century, 3rd Edition. Pfeiffer, 2012

무료 온라인 및 동영상 정보

Bonus online content Additional resources are available on the extras page
of this book´s website at: www.OpenSpaceBeta.com and on www.betacodex.org

Videos on Beta and OpenSpace Beta

Watch online videos about
Beta and the BetaCodex

Watch online videos by the authors
about OpenSpace Beta

Videos and more on OpenSpace and Prime/OS

Watch online videos on
OpenSpace Technology
with Harrison Owen

Watch online videos
with Daniel Mezick
about OpenSpace Agility

Visit the Prime/OS
website

BetaCodex Network resources

Read the BetaCodex
Network white papers

Read articles
recommended by the
BetaCodex Network

Check out the list of
recommended
books on Beta

저자의 다른 책

Volume 1

Niels Pflaeging

Organize for Complexity.

How to get life back into work to build

the high-performance organization

BetaCodex Publishing,

Paperback/eBook, 5th edition 2020

ISBN 978-0991537600

Also available in German,

Portuguese, Turkish

www.redforty2.com/shop

Niels Pflaeging I Silke Hermann

Complexitools.

How to (re)vitalize work and make

organizations fit for a complex world

BetaCodex Publishing,

Paperback/eBook, 2022

ISBN 978-0991537679

Also available in German.

www.redforty2.com/shop

한국어 관련 자료 안내

오픈스페이스, 오픈스페이스 베타에 관련한 정보와 업데이트를 아래 웹사이트에서 확인할 수 있습니다.

http://openspacebeta.kr

한국의 기업과 조직에 오픈스페이스를 적용한 사례, 비대면 온라인으로 오픈스페이스가 진행되는 방식과 사례를 접할 수 있습니다. 조직의 리더, 조직개발 담당자에게 필요한 정보를 제공합니다.

저자소개 Silke Hermann

저는 기업가이면서 비즈니스 우먼입니다. 저를 비즈니스 휴머니스트라고 하는 동료도 있습니다. 최근까지 저는 Insights Group의 관리자였습니다. Insights Group은 독일 회사로 비스바덴Wiesbaden과 베를린Berlin에 사무실이 있으며, 대략 25명이 근무하는 학습 & 개발 서비스 회사입니다. Insights의 지분을 팔고 한동안 원했던 새로운 개발의 기회가 열렸습니다.

OpenSpace Beta는 저의 네 번째 책입니다. 전작 중 하나이며 Niels와 공저한 Complexitools 는 독일에서만 18,000부가 팔렸습니다. 최근에 저는 개인 성격 유형에 관한 포켓 가이드도 저술 했습니다. 저자로서 이 책의 저술은 특별했습니다. OpenSpace Beta는 개인적으로 관심 있었던 여러 활동의 씨줄과 날줄을 엮어 주었습니다. Niels와 저는 2009년 초반, 고객사 프로젝트를 함께하면서부터 베타 대전환에 관한 컨설팅 과정을 개발해왔습니다. 초기의 베타 방식 프로젝트는 로펌과 대형 은행을 대상으로 했습니다. 이 과정의 맥락에서 우리는 여러 방법론 중에서 존 코터의 'Leading Change' 개념과 OpenSpace를 고객사에 적용했습니다. 그러나 빠진 것이 있었습니다. 뒤돌아 보니, 베타 대전환은 컨설턴트를 통해서 되는 것이 아니라는 점이었습니다. **오픈스페이스 베타가 근본적으로 새로운 점은 오픈스페이스 베타가 고객사의 근본적 자기조직화 목표와 합쳐져야 한다는 것입니다.** 그리고 사실, 컨설턴트는 필요 없습니다.

오랫동안 조직의 대전환을 위해 애써온 분들에게 이건 중요한 일입니다!

Niels와 저는 최근에 Red42를 설립했습니다. 조직의 변화 방식, 학습과 개발을 완전히 바꾸는 회사가 될 것입니다. **Red42를 통해 우리는 조직 학습과 개발에 관하여 매우 혁신적인, 심지어 모든 것을 와해 시키는 작업에 매진할 것입니다. 동시에 Red42의 학습 사이클도 시작합니다.** 모든 조직이 세미나, 수업, 강사, 전문가, 온라인 학습이 없이도 일터의 학습이 일어나도록 하는 일입니다.

Red42에 대한 추가 정보는 www.RedForty2.com 을 방문하세요.

당신의 의견을 기다립니다. 원하시는 분들은 다음을 통해 소통할 수 있습니다.

E-mail : silke.hermann@redforty2.com
Twitter : @SilkeHermann

저자 소개 **Niels Pflaeging**

저는 자문가이면서 강연자입니다. 스스로를 비즈니스 사상가로 여기는 것을 좋아합니다. 하지만 동시에 비즈니스의 핵심 세부 사항을 짚어내는 실행가이기도 합니다. 조언자로서 저는 15년간 모든 종류의 조직들이 깊은 변화를 터득하도록 도왔습니다. 2003~2007년 동안은 'Beyond Budget Round Table^{BBRT}'의 임원이었습니다. BBRT는 현재 베타 방식, 베타코덱스로 명명한 핵심 리서치를 진행한 씽크탱크 입니다.

BBRT 이전에는 다국적 기업의 재무 관리자로 일했습니다. 그러나 일관성 있는 자기 조직화로의 조직 변화에 열정을 갖게 된 시점은 BBRT에서의 시간이었습니다. 2008년에는 베타 대전환을 위한 오픈소스 활동인 베타코덱스 네트워크를 공동 설립했습니다. 이 베타 방식과 이 네트워크에 관해서는 www.betacodex.org를 참고하세요.

2006년 제 두 번째 책 'Leading with Flexible Targets' 가 출간되었을 때, BBRT의 멤버들은 새롭고 더 나은 조직 모델을 설명하는 것만으로는 우리가 일하는 세계를 바꾸는데 부족하다는 것을 이해했습니다. 또한 우리는 조직 전반의 깊은 '대전환'이 어떻게 미뤄지는지 수수께끼를 풀어야 했습니다. 오픈스페이스 베타를 통해 이 수수께끼는 풀렸다고 믿고 있습니다.

이 책은 조직 변화에 관련한 저의 7번째 책이고, Silke와 공저한 세 번째 책입니다. 이 책은 "단순한 안내서"으로 태어났습니다. 그 이상도 이하도 아닙니다! Silke와 저는 Daniel Mezick의 원저 OpenSpace Agility 접근법을 색다른 방식으로 변화시킨 창의적 작업으로 깊이 만족합니다. 우리는 불가능하게만 보였던 베타 방식을 향한 조직 전반의 변화의 문제를 빠르게 풀 수 있는 핵심 해법이 오픈스페이스 베타라고 생각합니다.

교육과 실무를 통해 다양한 국가에서의 경험을 할 기회가 있었고 영어, 독일어, 스페인어, 포르투갈어, 네 개의 언어에 익숙해져 있습니다. 저에게 연락할 때 이 언어들을 사용하셔도 됩니다.

E-mail niels.pflaeging@redforty2.com
Twitter @NielsPflaeging

감사합니다

Daniel Mezick의 영감, 적극적 지지와 격려가 있었기에 OpenSpace Beta 가 만들어졌습니다.

OpenSpace Agility Handbook의 저자인 Daniel Mezick, Deborah Pontes, Harold Shinsato, Louise Kold-Taylor, Mark Sheffield 에게 특별한 감사를 표합니다. 이들의 저작물은 OpenSpaceAgility.com을 참고하세요

Harrison Owen에게 감사합니다. 이 책에서 OpenSpace에 관한 도입을 가능하게 해주셨습니다.

친구이자 그래픽 디자이너인 Ingeborg Scheer에게 감사합니다. Open Space Beta의 아이콘 디자인, 일러스트, 그리고 책과 시간표 디자인을 훌륭하고 멋지게 해주었습니다. Ingeborg의 회사와 웹사이트는 dasign.de 입니다.

Complexitools 책에 담긴 **Pia Steinmann의 일러스트**가 이 책에 다시 등장하였습니다.

Hartmann Preuss, Francois Lavallee, Valentin Yonchev, Jeremy Brown, Matt Moersch가 원고의 리뷰와 편집을 도와주어 많은 개선이 가능했습니다.